AF178060

Bjoern Behr
mit Christian Gothe-Behr

TRÄUME PASSEN IN KEINE SCHUBLADE

PAPA
&PAPI

Bjoern Behr
mit Christian Gothe-Behr

TRÄUME PASSEN IN KEINE SCHUBLADE

Wie wir gelernt haben,
dass Mut Glück möglich macht

mvgverlag

Bibliografische Information der Deutschen Nationalbibliothek
Die Deutsche Nationalbibliothek verzeichnet diese Publikation in der Deutschen Nationalbibliografie. Detaillierte bibliografische Daten sind im Internet über http://dnb.d-nb.de abrufbar.

Für Fragen und Anregungen
info@mvg-verlag.de

Originalausgabe
1. Auflage 2023
© 2023 by mvg Verlag, ein Imprint der Münchner Verlagsgruppe GmbH
Türkenstraße 89
80799 München
Tel.: 089 651285-0
Fax: 089 652096

Alle Rechte, insbesondere das Recht der Vervielfältigung und Verbreitung sowie der Übersetzung, vorbehalten. Kein Teil des Werkes darf in irgendeiner Form (durch Fotokopie, Mikrofilm oder ein anderes Verfahren) ohne schriftliche Genehmigung des Verlages reproduziert oder unter Verwendung elektronischer Systeme gespeichert, verarbeitet, vervielfältigt oder verbreitet werden.

Redaktion: Ariane Novel
Umschlaggestaltung: Pamela Machleidt
Umschlagabbildung: shutterstock/mhatzapa
Satz: Carsten Klein, Torgau
Druck: CPI books GmbH, Leck
Printed in the EU

ISBN Print 978-3-7474-0492-8
ISBN E-Book (PDF) 978-3-96121-885-1
ISBN E-Book (EPUB, Mobi) 978-3-96121-886-8

Wir produzieren
nachhaltig
www.m-vg.de

Weitere Informationen zum Verlag finden Sie unter

www.mvg-verlag.de

Beachten Sie auch unsere weiteren Verlage unter www.m-vg.de

INHALT

VORWORT

Dieses Buch ist in den österreichischen Bergen und auf einer Schiffsreise in Norwegen entstanden. In großen Ohrensesseln in der Hotellobby und in der Bibliothek, mit der einen oder anderen Tasse Kaffee in der Hand und mit Blick auf schneebedeckte Berge und Fjorde, sind wir tief in unsere Vergangenheit eingetaucht. Es war eine Reise zu uns selbst, ein intensives und kritisches Hinterfragen von Ereignissen und Entscheidungen, die mit der Erkenntnis einhergeht, dass wir unglaublich viel Mut hatten.

Dieses Buch handelt von den Meteoriteneinschlägen unseres Lebens. Wie wir auf unserem Lebensweg beharrlich unsere Ziele verfolgt haben, um unseren Traum zu leben und so *unser* ganz eigenes Glück zu finden. Es handelt von Wegbegleiter*innen und *Besserpisser*innen*, von Familie, Freund*innen, der Gesellschaft, von Neid und Missgunst, aber vor allem von viel Mut und noch mehr Liebe.

Wir stellen nicht den Anspruch, dass alle Vorgehensweisen und Entscheidungen stets richtig waren. Es war durchaus wichtig, auch Fehler auf unserer Reise zu machen. Sie haben aber dazu geführt, dass wir ein selbstbestimmtes Leben führen. Die kommenden Seiten sind alles andere als eine wissenschaftliche Abhandlung von Selbstfindung und Persönlichkeitsentwicklung. Wir möchten dir eher Impulse, eine Inspiration für dein eigenes Leben geben.

Aber am Ende möchten wir dich auch herausfordern: Wir wünschen uns, dass du dir nach diesem Buch selbst die Frage stellst, ob du wirklich mutig in deinem Leben bist, aber vor allem, ob du alles dafür tust, dass du wirklich glücklich lebst! Und solltest du auch nur eine der Fragen mit Nein beantworten, dann wünschen wir uns, dass du genau das änderst und dein Leben in deine Hand nimmst!

KAPITEL 1

Wir

An einem warmen Frühlingstag verlässt Carlotta pfeifend an der Hand ihres Vaters den Kindergarten. Als sie am Parkplatz Lukas mit seinem Papa sieht, zieht sie an der Hand ihres Vaters. Sie schaut lächelnd in die Richtung von Lukas und sagt: »Papa, das ist Lukas.« Ihr Vater schaut in die gleiche Richtung und nickt wohlwollend. Carlotta bleibt stehen und schaut ihren Vater mit glücklichem Gesicht an. »Und weißt du was? Der hat gleich zwei Papas! Ist das nicht cool?«

Diese beiden Papas, von denen Carlotta spricht, sind wir – Papi Christian und ich, Papa Bjoern. Zu unserer Familie gehören unser fünfjähriger Pflegesohn Lukas, Labrador Anton und Vogelspinne Julius, die eigentlich eine Julia ist und schon über 20 Jahre auf dem Spinnenbuckel hat. Christian und ich haben uns vor 13 Jahren kennengelernt, sind seit 2014 verheiratet, und seit über vier Jahren lebt Lukas bei uns. Das Rezept unserer Beziehung liegt darin, wie unterschiedlich unsere Charaktereigenschaften, unsere Betrachtungsweisen sind und wie unterschiedlich wir unser Sein leben.

Christian ist ein Träumer, ein lebensbejahender Chaot, ein bunter Vogel. Auf unserem gemeinsamen Weg bleibt er oft stehen und schaut sich um. Er entdeckt immer Neues und beginnt zu träumen. Ihm ist es unglaublich wichtig, Freude bei allem zu haben, was er macht. Bringen Dinge keinen Spaß, sind sie bei ihm unten durch. Sind sie notwendig, erledigt er sie zähneknirschend. Er will die Welt und ihre Möglichkeiten begreifen und erleben. Ihm ist es wichtig, viele Menschen um sich herum zu haben. Die meisten unserer Freunde kommen aus seinem Umfeld. Der Austausch mit anderen ist sein tägliches Benzin im Motor. Stundenlange Telefonate sind keine Seltenheit, unser Haus steht immer jedem offen. Gleichzeitig fällt es ihm schwer, Entscheidungen zu treffen. In einem immer wiederkehrenden Muster windet er sich wie eine Schlange um den Moment, macht *statistische* Erhebungen im Familien- und Freundeskreis, bis er irgendwann zum Ergebnis kommt. Und selbst dann kann es passieren, dass er nachträglich noch mal umschwenkt. Das geht beim Sockenkauf los und endet noch lange nicht beim Wie und Wo seiner Geburtstagssommerfeier.

Ich bin das Gegenteil von Christian. Immer lösungsorientiert renne ich auf unserem Weg nach vorne. Es müssen Entscheidungen getroffen werden? Dann werden sie eben getroffen. Es gibt kein Hadern, kein Grämen über die Vergangenheit, vor uns liegt das Ziel. Dadurch ziehe ich immer – egal, ob privat oder beruflich – alle mit, bleibe aber oft selbst auf der Strecke, weil ich bei anderen Erwartungshaltungen schüre und sich für mich der Druck aufbaut, Situationen immer auch für alle entsprechend zufriedenstellend lösen zu müssen.

Ich brauche nicht viele Menschen um mich herum, mir geht es eher um Qualität als um Quantität. Ich kann gut mit mir allein sein und schöpfe aus der Zeit, die ich mit mir verbringe, meine

Energie. Ein Freund sagte mal zu uns: »Bjoern, du bist der Fels im Ozean. Dich kann wenig erschüttern, du hältst durch. Christian, du bist die Welle, die sich am Felsen reibt, die ihn umspült und formt.«

Wie recht er doch mit diesem Bild hat! Zusammen ergeben wir eine perfekte Symbiose aus Zielorientiertheit, Spaß, Ruhe und Trubel.

In den letzten 13 Jahren haben wir gelernt, in unserer Partnerschaft gemeinsam unsere Stärken auszubauen und den anderen bei seinen vermeintlichen Schwächen zu unterstützen. Unsere Liebe ist eine Partnerschaft geworden, die ein ganz besonderes Level erreicht hat. Sind wir früher als Einzelkämpfer durchs Leben gegangen, immer auf der Suche nach dem perfekten Job, der vollkommenen Beziehung, dem noch grüneren Gras, so haben wir gemeinsam unsere ganz eigene Definition von *Perfektion* gefunden – wir beide passen *perfekt* zusammen! Wir ergänzen und inspirieren uns. Wir wertschätzen und behandeln uns mit unglaublich viel Respekt. Wir haben unendliches Vertrauen und nehmen den anderen an die Hand und das seit über einem Jahrzehnt.

Eines Tages, wir waren fünf Jahre zusammen, waren wir bei Freunden zu Besuch, die etwas außerhalb der großen Stadt in einem Dorf wohnen. Das Haus, die Umgebung … Uns gefiel, was wir sahen, und wir sprachen darüber, wie gut wir uns einen Umzug in ein Haus auf dem Land vorstellen könnten. Einige Wochen später riefen sie uns an und erzählten, dass ein Haus bei ihnen gegenüber frei würde. Wir verliebten uns in dieses Haus, packten unsere Sachen und zogen aufs Land – mit Vorgarten, Carport und Waschküche. Dieser Umzug hat mich sehr glücklich gemacht. Ich sauge äußere Einflüsse auf wie ein Schwamm.

Menschen, Kulturen und Städte finde ich spannend, mein Job ist aufregend, aber genau deshalb brauche ich einen Ort, an dem ich meine Gedanken sortieren und zur Ruhe kommen kann – in unserem Zuhause, unserem Nest. Wir hörten zu der Zeit oft von unseren Freunden, wie spießig wir doch seien, wie man mit 33 und 37 Jahren einen solchen Schritt machen könne. Uns wurde zugeschrieben, dass wir als schwule Männer nur das Stadtleben zu lieben haben, dass Party, Lifestyle und schicke Restaurantbesuche zu unserem Leben gehören müssten.

Die Schublade, dass ein Umzug aufs Land nur für heterosexuelle Familien mit Kindern etwas wäre, wurde damals weit geöffnet. Mir waren und sind solche Aussagen schlichtweg egal. Ich bin ein Freigeist, ich habe mich mein Leben lang nicht in eine Form pressen lassen, wenn ich doch mal drinsaß, bin sehr schnell wieder ausgebrochen. Ich mochte die Vorstellung des Landlebens, und deshalb taten wir es.

Bei Christian sah das ein bisschen anders aus. Er war zwar der Initiator der Wir-ziehen-aufs-Land-Geschichte, doch für einen kurzen Augenblick wirkte es so, als bliebe sein Leben stehen. Christian ist ein unglaublicher Kommunikator, er schart Menschen um sich. Ein perfekter Tag ist für ihn, wenn er Stunden mit Freunden im Café sitzen und über die Welt philosophieren, sich aber auch über Klatsch und Tratsch austauschen kann. Der Umzug aufs Land brachte seine Welt kurz ins Wanken. Er hatte Angst, dass wir zu weit weg wohnen, niemand mehr zu uns kommen würde und wir, zu der Zeit noch zu zweit, verkümmern würden. Gleichzeitig redete er sich ein, dass wir als homosexuelles Paar auf dem Land beäugt und nicht gemocht werden würden. Ein Glaube, der weit von der Realität entfernt war, wir er schnell lernte.

Kurz nach unserem Umzug, als ich dabei war, im neuen Haus einen der Kartons auszupacken, beschlich mich das Gefühl, dass wir sie bald wieder packen würden. »Hörst du das?«, fragte mich Christian. Ich lauschte kurz und antwortete: »Hier ist es so schön ruhig!« – »Hier ist es tot!«, konterte er. Die Stimmung war schlecht, wir diskutierten und stritten uns oft. Es ging so weit, dass ich das weitere Auspacken unserer Kartons einstellte. Ein entscheidender Faktor, der dann alles veränderte, war unser direktes Umfeld im Dorf. Unsere Freunde, die uns das Haus vermittelt hatten und mit ihren Kindern gegenüber wohnten, aber auch die anderen in der Nachbarschaft empfingen uns mit offenen Armen. Es wurde uns so unglaublich leicht gemacht, Anschluss zu finden. Wir waren integriert, als wir noch gar nicht richtig angekommen waren, und wurden gefühlt jeden Abend bei jemand anderem eingeladen. Dieser Fakt ließ Christian leiser mit seiner Land-Kritik werden und schlussendlich über einen Zeitraum von einem halben Jahr sogar Frieden schließen.

Rückblickend war der Schritt des Umzugs trotzdem mutig. Wir haben uns getraut, die Einfachheit der Großstadt, mit all ihren Möglichkeiten – von Einkauf bis Kultur, von Freizeitaktivität bis Gesundheitswesen – mit der Abgeschiedenheit auf dem Land auszutauschen. Vieles war ab da organisatorisch definitiv schwerer, aber ein Faktor war unfassbar gestiegen und hatte in der Gewichtung alles überholt – Lebensqualität!

Unsere Welt ist so schnell geworden, wir hasten von Tag zu Tag und vergessen nur zu oft, auch mal stehen zu bleiben. Wir werden von äußeren Einflüssen getriggert und sind immer, zu jeder Zeit erreichbar! Wir merken gar nicht, wieso unser Leben an uns vorbeistreicht, und haben tatsächlich verlernt, einfach auch mal innezuhalten. Christian und ich haben durch den Umzug zu all dem unseren perfekten Ausgleich gefunden, wenn auch der Start mit Schmerz verbunden war – unser Nest, unser Wohlfühlzuhause.

Spätestens seitdem unser Sohn bei uns lebt, haben sich auch die letzten Zweifel bezüglich des Landlebens in Wohlgefallen aufgelöst. Obwohl Christian auf dem Dorf groß wurde, oder vielleicht gerader deshalb, tat er sich zu Beginn schwer. Ich bin als Stadtkind aufgewachsen. Meine Eltern mussten mich zum Spielplatz lange begleiten. Auch den Weg zu einem Freund oder dann in die Grundschule ging ich bis zum neunten oder zehnten Lebensjahr nicht allein. Unsere heutige Wohnsituation auf dem Land wissen wir sehr zu schätzen. Ob Spielstraße und Spielplatz vor der Haustür, Kindergarten und Grundschule im Dorf, Wald und Feld direkt hinterm Haus ... Wir sind sehr glücklich, dass Lukas so aufwachsen kann. Neben seiner kreativen Entfaltung – dem Spielen mit Dingen aus der Natur – beflügelt es seine Selbstständigkeit ganz ungemein. Wie stolz ist er, wenn er »Tschüss« ruft, die Haustür von außen schließt und allein zur Nachbarstochter rüber läuft.

Zwergi, wie wir ihn liebevoll nennen – was wohl langsam zu alternativen Spitznamen führen wird, denn so klein ist er gar nicht mehr –, war ein Jahr alt, als er bei uns einzog. Zu diesem Zeitpunkt hatten wir uns bereits über drei Jahre mit unserem Kinderwunsch beschäftigt und sowohl einen vollständigen Bewerbungsprozess für Adoption als auch für die Aufnahme eines Pflegekindes abgeschlossen. Dabei stand ein Pflegekind lange nicht an erster Stelle, davon erzähle ich später aber mehr. Lukas Lebensstart war sehr holprig, dafür kann er zur Ruhe kommen, seit er bei uns eingezogen ist. Schon von Anfang an machte er uns unser plötzliches Elternsein sehr leicht. Schlafengehen, Essen, mit ihm zu verreisen, waren nie ein großes Thema. Er passte zu uns, als wäre es nie anders gewesen. Vielleicht liegt das am Ende auch daran, dass er spürte, dass wir nun sein sicherer Hafen, seine neue Familie sind.

Mit seiner offenen Art wickelt Lukas jeden um den Finger. Seine klaren Ansagen und Meinungsäußerungen sorgen oft für ein Schmunzeln bei uns. Ein Schmunzeln, weil wir glücklich sind, dass er so ist. Denn wir sind uns sicher, dass jede Klarheit von ihm, jedes Nachvornepreschen, ihm später zugutekommen wird. Denn die Welt wird definitiv nicht langsamer oder einfacher, sie verändert sich unaufhaltsam in riesigen Schritten! Seine Charaktereigenschaften, gepaart mit unserem Zutun, geben ihm die bestmöglichen Voraussetzungen, in diesem Lebenswahnsinn der Kapitän auch im größten Sturm zu bleiben. Nur den Kurs, den muss er eben selbst wählen.

Und natürlich hat Lukas unser Leben auch ganz schön durcheinandergebracht. Manchmal fragen wir uns, ob wir uns unser Leben mit Kind so vorgestellt haben. Christian war 36, ich 40, als Lukas zu uns kam. Aber es fällt uns heute schwer, uns überhaupt noch daran zu erinnern, wie das Leben ohne Lukas war. Dieses andere, alte Leben scheint so unendlich weit weg zu sein. Wir hätten nie gedacht, dass Liebe und Bindung so schnell wachsen können. Schon früh, als wir uns noch theoretisch mit unserem Kinderwunsch auseinandersetzten, wurden wir oft gefragt, ob wir denn zu einem fremden, nicht leiblichen Kind eine echte Bindung aufbauen und Liebe verspüren können. Eine Frage, die uns seitdem tatsächlich begleitet, noch heute wird sie uns ab und zu gestellt. Wir haben sie nie verstanden. Warum sollen wir denn nicht einen Menschen lieben können, den wir als unseren Sohn bezeichnen? Einen Menschen, der zu uns aufschaut, der uns braucht und uns bedingungslos liebt, weil er es bewusst gar nicht anders kennt? Am Ende ist es völlig egal, wie wir uns das Leben mit Kind vorgestellt haben, heute ist es so, wie es ist … Ein wunderbares, erfülltes und wesentlich sinnvolleres Leben.

Mit dem Papasein kam auch die Verschiebung der Prioritäten. Sind wir früher durchs Leben gehastet, so haben wir vor vier Jahren vom einen auf den anderen Moment von Lukas gelernt, stehen zu bleiben, wir haben tatsächlich eine Vollbremsung hingelegt. Der Umzug ins Haus war eine Entschleunigung, das Kennenlernen von Lukas ließ hingegen die Welt tatsächlich kurz stillstehen. Er zeigt uns bis heute, wie wichtig einzelne Momente sind. Völlig egal, ob es darum geht, einen aus der Erde schauenden Regenwurm, die tote Maus auf der Straße, die Baustelle in der Nachbarschaft zu betrachten oder auch einfach ein Buch zu lesen und in eine andere Welt einzutauchen. Für ihn zählt immer nur das Hier und Jetzt, dieser eine Moment. Raum und Zeit verschwimmen für ihn. Eine Eigenschaft, um die wir ihn sehr beneiden, denn wir haben sie mit dem Älterwerden leider weitestgehend verlernt. Für uns Erwachsene geht es nicht um das *Jetzt*, es geht um das Danach, um morgen, um nächstes Jahr. Wir tun heute Dinge, damit sie in der Zukunft so werden, wie wir sie vielleicht gerne hätten. Dabei wissen wir doch nicht einmal, wie viel Zukunft überhaupt noch vor uns liegt. Mit Lukas ist Christians und mein Leben definitiv wertvoller geworden. Wir haben durch unseren Sohn gelernt, nicht immer nur nach vorne zu schauen. Sein Hier und Jetzt ist auch unser Hier und Jetzt geworden.

Unsere Prioritäten haben sich durch Lukas stark verschoben, und das betrifft auch unsere Einstellung zu unseren Berufen. Christian arbeitet bei einer großen deutschen Airline als Kabinenchef. Er zog mit 18 Jahren von Zuhause aus, um die Welt zu entdecken. Er fliegt seitdem zu Zielen, die andere Menschen ihr Leben lang nur aus dem Fernsehen kennen. Als ich ihn vor zwölf

Jahren kennenlernte, gab es zu Beginn oft Momente, in denen wir mit seinem Fliegerkollegenkreis zusammensaßen, die sich darüber beschwerten, dass sie schon wieder nach New York fliegen mussten. Als ich das zum ersten Mal hörte, blieb mir die Pizza fast im Hals stecken. Wie kann man nur so undankbar, so satt sein? Über die Jahre lernte ich allerdings auch die Schattenseiten dieses Berufs kennen. Wenn man zum dritten Mal im Monat mit Jetlag im Hotelzimmer liegt und krampfhaft versucht, sich nach der deutschen Zeit zu richten, dann hat das wenig mit dem Reiz zu tun, die Welt zu entdecken, ferne Kulturen kennenzulernen oder ausgedehnte Sightseeing- oder Shoppingtouren zu unternehmen. Die vor allem körperlichen Strapazen dieses Jobs hatte ich bis dahin überhaupt nicht gesehen. Doch Christian machte das nicht viel aus, er stieg die Karriereleiter im Unternehmen immer höher. Er ließ fast keine Zusatz- und Weiterbildung aus. Auf dem Zenit seiner Karriere legte er dann auch noch eine Ausbildung zum Servicekaufmann im Luftverkehr oben drauf. Kein Projekt, keine Anfrage, keinen Hilferuf seiner Kolleg*innen lehnte er ab. Rückblickend betrachtet, war das der helle Wahnsinn, ein Leben auf der beruflichen Überholspur.

Auch bei mir zog sich der berufliche Erfolg durchs Leben, wie ein nie endender Wanderpfad mit dem Versprechen auf eine großartige Aussicht. Mein Fundament bildet dabei tatsächlich mein erster richtiger Job, den ich im Walt Disney World Resort in Florida hatte, da war ich 20 Jahre alt. In Lederhosen durfte ich die deutsche Kultur im Biergarten des Epcot Centers, einem von vier großen Vergnügungsparks vom Walt Disney World Resort in Orlando, vertreten. Diese 13 Monate prägten mich für alles, was kommen sollte, sowohl beruflich als auch in vielen privaten Bereichen. Ich verinnerlichte Disneys Firmenphilosophie, die darin bestand, Dienstleistung und Entertainment in Perfektion anzubieten und auszuführen. Dass man Berufliches und Privates sehr gut trennen und sich so sogar eigene, emotionale Inseln in seinem Leben schaffen konnte, lernte ich hier quasi von der Pike auf. Mit meinem Talent, Menschen zu unterhalten, wurde ich eins mit der DNA meines damaligen Arbeitgebers. Zurück in Deutschland, begann ich fünf Jahre später, nach meiner Ausbildung zum Mediengestalter Bild und Ton, als Jungredakteur in München zu arbeiten und stieg im Eiltempo die Stufen der Karriereleiter hoch. Mir gefiel es, Menschen zu führen, mit meinem eigenen Team etwas zu erschaffen. Es machte *mich* glücklich, wenn ich andere Menschen glücklich machen konnte … Sei es, meine Mitarbeiter*innen, indem ich ihnen Aufgaben gab, die zu ihnen passten, und ich so ihre Stärken stärkte, oder eben die Zuschauer*innen vorm Fernseher mit unseren Sendungen. Als Redaktionsleiter produzierte ich eine Sendung nach der anderen. Dann wechselte ich den Arbeitgeber und in immer höhere Positionen. Ich hatte definitiv Spaß daran, als Entscheidungsträger eine *Machkraft* zu sein.

Als Lukas zu uns kam, begannen wir, unsere Karriereleiter aus einer anderen Perspektive zu betrachten. Wir begannen, den Sinn zu hinterfragen und hinzuschauen, wie sehr wir uns für unseren Beruf in den vergangenen zehn bis 15 Jahren aufgeopfert hatten. Diese Veränderung passierte nicht von heute auf morgen, aber in sehr absehbarer Zeit. Denn, wem erzähle ich es, es ist eine unfassbare Herausforderung, Beruf und Kinder unter einen Hut zu bringen – und wir hatten nur *ein* Kind und waren zu zweit. An wie vielen Tagen hastete ich übereilt aus meinem Büro, 40 Kilometer von zu Hause weg, um es noch pünktlich zum Kindergartenschluss zu schaffen, weil sich Christian gerade über den

Wolken befand. Die zeitliche Organisation wurde zum Drahtseil-akt, sowohl organisatorisch als auch nervlich.

Ebenso merkten wir sehr schnell, wie es uns an anstrengenden Tagen im Job nur noch nach Hause zog. Wir wollten uns mit Lukas auf den Fußboden legen, Bücher lesen, Quatsch machen, spielen und die Welt mit ihm gemeinsam entdecken. Wobei *Welt entdecken* eben nicht mehr die exotischsten Ziele sein sollten, son-dern das leere Schneckenhaus, ein alter Tannenzapfen oder der Geschmack einer selbst angebauten Möhre. Wir merkten, dass es uns langsam, aber unaufhaltsam immer unwichtiger wurde, eine wichtige Rolle in unseren Berufen innezuhaben. Das soll nicht heißen, dass wir den Spaß an unserer Arbeit verloren haben. Die Art, wie wir sie angingen, veränderte sich aber. Wir betrachteten die Dinge differenzierter. Uns beiden wurde bewusst, dass wir nicht am offenen Herzen operierten. Lukas wiederum sorgte ganz unbewusst dafür, dass wir uns nicht mehr so wichtig nahmen. Und die Berufswelt? Die drehte sich weiter, egal, ob mit oder ohne uns auf der Überholspur.

Wir begannen, uns langsam zu fragen, woher überhaupt unser bisheriger Antrieb kam, es der Welt beweisen zu wollen. Waren all die Dinge wirklich das, was *wir* wollten? Die Grundsteine dafür wurden sicherlich bereits in unserer Kindheit gelegt – wie wir auf-wuchsen, was uns an Werten mitgegeben wurde, wie sehr wir uns durchkämpfen mussten. Unser Outing war einer der größeren Meilensteine für unsere Kämpfe. Wir hatten es davor beide auch mit dem weiblichen Geschlecht probiert. Wahrscheinlich aber nur, weil wir es so gelernt hatten, weil uns gesagt wurde, dass das eben *normal* ist, weil die Gesellschaft einfach voraussetzte, dass es so zu sein hat.

Wir waren beide etwa 20 Jahre alt, ich arbeitete bei Disney in Orlando, Christian war gerade mit der Schule fertig, als wir unabhängig voneinander über eine schier unüberwindbar scheinende Schlucht sprangen und zehn Schritte in unserem Leben nach vorne gingen. Wir erzählten unseren Familien, unseren Freunden*innen, dass sich etwas in unserem Leben verändert hatte – wir outeten uns.

Rückblickend hat sich dadurch für uns selbst allerdings wenig verändert. Wir lieben einen Menschen – welches Geschlecht dieser hat, war doch völlig unwichtig! Doch für unsere Familien, unsere Freund*innen, die Gesellschaft um uns herum war es eine große Veränderung, eine Veränderung abseits der Norm.

Unsere Outings sind ein weiteres Fundament, das uns dazu geführt hat, dass wir bei vielen Dingen kämpferischer eingestellt sind, als manch anderer. Wir mussten uns schon früh durchsetzen, Strategien entwickeln und waren erfolgreich damit. Dieses System haben wir über die Jahre ausgebaut und perfektioniert. Wir wissen, dass jede Entscheidung im Leben Konsequenzen hat. Und wir treffen unsere Entscheidungen für uns und unsere Familie. Wir lassen uns schon lange nicht mehr sagen, was angeblich gut ist oder nicht, nur weil außenstehende Personen es vermeintlich besser wissen. Wenn andere wiederum still werden, sprechen wir die Dinge an, wir lassen uns den Mund nicht verbieten.

Christian, Lukas und ich sind eine völlig normale Regenbogenfamilie. Wir sind ein Familienmodell von so vielen, die es da draußen gibt. Wir sind zwei liebende Menschen, die einem Kind, das sein ursprüngliches Zuhause verloren hat, ein neues Zuhause geschenkt haben. Gemeinsam genießen wir diese bunte Welt und schaffen uns gemeinsame Erinnerungen. Wir stolpern ebenso über viele Elternthemen, beißen uns die Zähne an den Entwicklungsphasen unseres Sohnes aus. Wir lachen und weinen, wir diskutieren und streiten. Wir wachsen und lernen jeden Tag gemeinsam. Uns ist es wichtig, das Leben gemeinsam zu genießen. Wir wissen nicht, wie viel Zeit uns gegeben wird, wann all das nicht mehr so ist oder sein kann. Fakt ist, unsere Zeit auf dieser Erde ist endlich, und wir wollen sie so schön und bunt wie möglich verbringen. All diese Einstellungen begleiten uns seit vielen Jahren und lassen uns vieles entspannter betrachten. Wir waren und wir sind mutig, wir leben unseren Traum!

KAPITEL 2

Eine Kindheit zwischen Rheinland und schwäbischer Alb

Christian und ich sind völlig unterschiedlich aufgewachsen. Während die Werte, die uns grundsätzlich vermittelt wurden, noch die gleichen waren, lebten wir in komplett verschiedenen Familienkonstellationen. Christians Familie hielt sich stringent an das klassische Familienbild mit Vater und Mutter. Meine Mutter war hingegen insgesamt dreimal verheiratet und jahrelang alleinerziehend. Doch uns verbindet, dass wir beide stark von anderen Familienmitgliedern beeinflusst wurden.

Sehr behütet, aber doch auch oft auf mich selbst gestellt, wuchs ich in einem Drei-Frauen-Haushalt auf. In den ersten Monaten seit meiner Geburt sind schon so viele Dinge passiert, an die ich mich gar nicht erinnern kann. Meine Mutter hatte gerade meinen Vater geheiratet, als sie mit 19 Jahren mit mir schwanger wurde. Heute spricht sie vom schönsten Unfall, den sie je in ihrem Leben hatte. Die Voraussetzungen waren damals nicht einfach. Obwohl ich noch ein Baby war, sind wir oft umgezogen, immer den Träumen und Wünschen meines Vaters hinterher. Schließlich trennte sich meine Mutter von meinem Vater, als ich zwei Jahre alt war.

Danach zog meine Mutter mit mir zurück zu meiner Oma, der Mutter meiner Mutter. Dort hatten wir jeweils ein eigenes Zimmer, meine Oma schlief in einem schrankähnlichen Klappbett im Wohnzimmer. Das Haus aus den 1950er-Jahren stand an einer Hauptstraße, am Ortsausgang von Königswinter – mit einem großen Garten, in dem alte, riesige Kastanien standen, mit Zinkwannen voller Erde und Blumen. Der Garten grenzte direkt an einen Schulhof und eine Kirche. Wir hatten einen tollen Blick auf den Petersberg, wo das Hotel lag, in dem die Staatsgäste der damaligen Bundeshauptstadt Bonn residierten.

In der Wohnung direkt nebenan lebte meine Großtante, die wir liebevoll Ikaka nannten, mit ihrem Dackel. Ein Name, den irgendein Kind ihr mal gegeben hatte, weil es ihren richtigen Namen nicht aussprechen konnte. Ihre Wohnung war klein, um ins Bad zu kommen, musste man sich seitwärts durch die Küchennische schlängeln. Im Bad gab es einen Heizstrahler über der Tür, das Geräusch der Klospülung war ohrenbetäubend. Im Wohnzimmer hingen unzählige alte Bilder, und die Regale waren randvoll mit Büchern berühmter Politiker*innen und Künstler*innen. In der Mitte stand ein uralter, runder Esstisch, um den lauter Ohrensessel und ebenso alte Stühle gestellt waren. Der Boden war mit Perserteppichen ausgelegt. Ikaka sollte auch ein halbes Jahrhundert später noch in besagter Wohnung leben und so einen Teil meiner Kindheit konservieren. Wenn ich heute das Haus betrete, riecht es noch genauso wie vor 40 Jahren. Ich sehe mich als Kind, wie ich von Wohnung zu Wohnung laufe und im Garten spiele. Ich sehe, wie meine Oma mit der Mülltüte in der Hand zu den Tonnen hinübergeht. Ich höre den Dackel meiner Großtante an der Tür, nachdem es geklingelt hat. Im Keller ist es selbst heute noch ein vertrautes Geräusch, wenn ich das Schloss des Holzverschlages aufschließe. Jeder Besuch fühlt sich so an, als würde ich meine ganz eigene Matrix betreten. Und manchmal habe ich das Gefühl, dass meine Oma hinter mir steht und mir die Hand auf die Schulter legt.

Den Plan, nach der Schule Medizin zu studieren, musste meine Mutter in den Wind schießen. Plötzlich ging es darum, möglichst schnell Geld zu verdienen, um überhaupt auf eigenen Beinen stehen zu können und für die Familie zu sorgen. Sie begann eine Ausbildung im medizinischen Bereich und arbeitete viel. Wie viel das damals war, das wurde mir erst über drei Jahrzehnte später klar.

Während meine Mutter früh das Haus verließ, kümmerte sich meine Oma um mich. Ich erinnere mich gut daran, wie sie mich morgens in der Küche auf den Stuhl stellte und für den Kindergarten anzog. Dieser lag praktischerweise direkt neben der Schule, hinter unserem Haus. Ich musste nur über den Zaun klettern, beim Pfarrer einmal durch den Garten laufen und die Hühner aufschrecken. Natürlich schaute mir meine Oma hinterher, dass ich nicht falsch abbog und auch wirklich ankam, aber durch diese örtlichen Gegebenheiten hatte ich früh die Chance, bereits *allein* zum Kindergarten zu gehen – zumindest wurde mir dieses Gefühl vermittelt. Rückblickend sollten das schon die ersten Schritte in meine zukünftige Selbstständigkeit sein.

Ikaka war Lehrerin und die stellvertretende Schulleiterin einer Grundschule. Eine längere, partnerschaftliche Beziehung sollte es in ihrem Leben nicht geben. Deshalb kümmerte auch sie sich zur damaligen Zeit sehr viel um mich. Wenn der Kindergarten geschlossen war, durfte ich sie tagsüber in ihre Schule begleiten. Da saß ich während der Unterrichtsstunden in der letzten Bank und bastelte meistens an irgendwelchen Auto- oder Flugzeugmodellen herum. Ich hatte auf diese Weise früh viel Kontakt zu älteren Kindern, die alle neugierig auf mich zukamen und mich in den Pausen integrierten. Wenn der Unterricht zu Ende war, musste sie meist noch ins Haupthaus der Schule, in der nahegelegenen Stadt, und im Büro arbeiten, was für mich immer die spannendste Zeit war. Ich konnte ganz allein in einem komplett leeren Schulgebäude umherstreunen. Meine Fantasie und mein kreativer Input machten damals sagenhafte Sprünge, was vor allem daran lag, dass ich meist in der Schulbibliothek landete, wo ich alle Inhalte aufsaugte. Ich liebte Bücher und ihren Geruch. Und wenn es mir dann doch mal zu langweilig wurde, ging ich auf den Schulhof zum Spielplatz.

Nach diesen Tagen saß ich oft bei Ikaka im Wohnzimmer, bastelte oder malte etwas und hörte gemeinsam mit ihr klassische Musik. Ab meinem siebten Lebensjahr wohnten wir nicht mehr in Königswinter. Ich war bei ihr während der Ferien zu Besuch, und sie nahm mich oft mit nach Bonn in die Beethovenhalle, wo wir uns klassische Konzerte anhörten. Ich wuchs mit Carl Orffs »Carmina Burana«, Beethovens »9. Sinfonie« und Vivaldis »Vier Jahreszeiten« auf. Meine Mutter hatte schon Bedenken, dass ich überhaupt nicht mit zeitgemäßer Musik in Berührung kam. Ihre Bedenken sollten sich jedoch nicht bewahrheiten, mein Musikhorizont hat sich mit der Zeit komplett verbreitert – und doch liebe ich bestimmte Klassikstücke bis heute besonders. Sie erinnern mich an meine Kindheit und an Ikaka. Die Zeit mit ihr genoss ich sehr, und sie gab mir viel mit auf den Weg.

Mein Taufpate, der beste Freund meiner Mutter, nutzte damals seine Chance und kam mit ihr zusammen. Da sie die Beziehung kurz nach der Trennung von meinem Vater einging, war ich noch zu klein, um diesen *Männerwechsel* bewusst zu erleben. Ich wuchs ab diesem Moment mit meinem Stiefvater auf, der für mich *mein Papa* wurde. Ich nannte ihn auch in späteren Jahren nie Stiefvater, ich empfand nicht so – wenn man überhaupt ein spezielles Gefühl zum Verwandtschaftsverhältnis *Stiefvater* haben kann. Ich hatte die passende Vaterfigur und war glücklich darüber, wie es war. Schon früh erlebte ich, dass Papasein und einen Papa zu haben nicht mit einer Blutsverwandtschaft zusammenhängen muss und dass Familie einfach ein Gefühl ist. Niemand stellte damals mein Familienkonstrukt infrage, niemand fragte nach meinem leiblichen Vater, es war schlichtweg egal. Da ich meine Familie sowieso nicht anders kannte, kam das Thema auch nie groß zur Sprache, auch bei engen Freund*innen nicht. Nicht, weil es mir vielleicht unangenehm gewesen wäre, sondern weil es so war, wie es eben war. Erst, wenn wir uns wirklich aktiv über unsere Eltern unterhielten, stolperte so mancher meiner Freund*innen über die Erkenntnis, dass es sich um meinen Stiefvater und nicht um meinen leiblichen Vater handelte. Wir erfüllten das Bild einer *normalen* Familie, und so gab es nichts, über das man im Vorfeld hätte stolpern oder sprechen müssen.

Zu meinem leiblichen Vater hatte ich nie Kontakt. Nicht, weil es meine Mutter vielleicht nicht wollte, sie ging immer offen mit der Situation um. *Ich* wollte es nicht. Spätestens in der Pubertät entwickelte ich die These, dass ich bei einem tatsächlichen Aufeinandertreffen eher enttäuscht wäre, als dass es mir emotional helfen würde. Ich hatte mit meinem Stiefvater meinen Papa gefunden. Ich brauchte keinen Menschen in meinem Leben, der sich nicht für mich zu interessieren schien. Es war für mich eine einfache Kosten-Nutzen-Rechnung. Und da ich schon immer ein Pragmatiker war, stand auch diese Entscheidung damit fest und wurde auch zu einem späteren Zeitpunkt nicht geändert.

Vielleicht war meine Herkunft in der Pubertät immer mal wieder Thema. Da ich aber ein enges Verhältnis zu meiner Mutter und ihrer Familie hatte, kannte ich zumindest einen Teil meiner Wurzeln. Und da ich mich darin wiederfand, mich erkannt und verstanden fühlte, war der Umgang mit der Unbekannten nicht weiter schwierig. Hinzu kommt, dass auch mein leiblicher Vater in all den Jahren nie einen Versuch unternommen hatte, mich zu kontaktieren, und somit wollte ich es auf sich beruhen lassen. Ein Vater, der nicht über seinen Schatten springen, seine potenziellen Ängste verdrängen und aktiv werden kann, der sich nicht auch nur einmal im Leben seines Sohnes meldet, der will es auch nicht. Es gab tatsächlich nur wenige Momente, in denen ich überhaupt an diesen besonderen Teil meiner Geschichte dachte. Interessanterweise waren es manchmal TV-Sendungen, in denen Familien oder vermisste Menschen nach Jahrzehnten zusammengeführt wurden. Dann liefen auch bei mir stille Tränen. Mir war aber auch klar, dass der Auslöser für meine Traurigkeit die Zusammenführungen war, die zumindest im Fernsehen immer emotional, aber vor allem positiv verliefen. Ich hatte wahrscheinlich zu viel Angst vor besagter Enttäuschung in meiner Realität.

Und natürlich, bei allem Pragmatismus, ist mir trotzdem klar, dass heute noch tief in mir etwas schlummert, das sich ein friedliches und glückliches Treffen gewünscht und somit die anderen Teile meiner Wurzeln gezeigt hätte. Wie oft hörte ich von meiner Mutter oder auch von Ikaka, ich würde die breiten Schultern, die Statur von meinem Vater haben, aber auch Bewegungen oder meine Art würden an ihn erinnern. Diese Aussagen hinterließen immer ein seltsames Gefühl bei mir. Bereits als Kind hatte ich mit meinem leiblichen Vater abgeschlossen, und doch wurde ich immer wieder darauf gestoßen.

Dieser Teil meiner Geschichte hilft mir heute sehr im Umgang mit Lukas und seiner Familiengeschichte. Mit seinen fünf Jahren gibt er sich schnell mit unseren Antworten zufrieden, wenn er nach seinen Eltern fragt. Wenn er aber größer wird, werden sicherlich tiefgreifendere Fragen nach seinen Wurzeln und vor allem nach dem *Warum* kommen. Darum gehen wir schon immer ihm gegenüber offen mit seiner Vergangenheit um und unterstützen ihn bei all seinen Fragen. Er soll jede Chance bekommen, seine eigene Geschichte aufzuarbeiten, und auf alle Fragen auch ehrliche Antworten bekommen. Wir möchten ihm nichts verschweigen. Und wenn ihm das nicht reicht, werden wir ihn begleiten und uns mit ihm auf die Suche nach Antworten begeben. Aus eigener Erfahrung weiß ich, dass man nur so wirklich Frieden mit seiner Geschichte und deren Umstände schließen kann.

Ich war etwa 35 Jahre alt, als ich mit meiner Mutter eine lange Wanderung im Voralpenland machte, während der wir sehr intensiv über meine Kindheit sprachen. Ich erfuhr einige sehr intime Dinge, die ich bis dahin nicht einmal geahnt hatte und hier auch nicht weiter ausführen möchte. Ich sagte zu ihr: »Warum hast du mir das nie erzählt?« Sie antwortete: »Du hast nie gefragt.« Aber wie hätte ich fragen können, wenn ich die Frage gar nicht kannte? Die ganze Geschichte mit meinem leiblichen Vater hatte bei meiner Mutter viele Spuren hinterlassen. Und ich gehe davon aus, auch wenn sie mich immer unterstützt hätte, dass sie froh war, dass ihr Sohn nicht auf Spurensuche gehen wollte.

Mein Stiefvater und meine Mutter zogen zusammen, als ich sechs Jahre alt war. In den Jahren davor wurde mir das Bild einer *richtigen* Familie von der Familie meines besten Freundes Michael vermittelt, die mit Vater, Mutter und zwei Kindern die Erwartungen eines klassischen Familienmodells erfüllten. Ich glaube, dass ich für sie in dieser Zeit fast wie ein weiterer Sohn wurde, zumindest fühlte ich mich dort sehr wohl und aufgehoben. Sie empfingen mich immer mit offenen Armen. Michael und ich waren über die Kindergartenzeit unzertrennlich. Die Familienkonstellationen all meiner – auch zukünftig – engeren Freunde waren tatsächlich meist die klassischen Modelle. Manchmal wirkten sie nach außen schon fast kitschig. Fürs perfekte Werbebild fehlte nur noch die Werkbank im Keller, an der der Vater mit der Familie am Drachen bastelte. Heute weiß ich auch, dass ich dieses Bild immer sehen wollte und dass die Beziehungen der fremden Eltern in Wirklichkeit nicht immer rosig waren und später auch zerbrachen, doch das interessierte mich nicht näher. Vielleicht kompensierte ich damit, was ich Zuhause nicht hatte – eine vermeintlich heile Familie. Mein eigenes Familienmodell hatte anscheinend doch Spuren hinterlassen.

Die Mutter meines Stiefvaters war die vierte starke Frau in meinem Leben. Bei ihr war die Welt immer positiv – eine Einstellung, die jedem half, nur ihr selbst nicht. Sie verdrängte konsequent alles Negative, wie mit rosa Scheuklappen lief sie durchs Leben. Sie lebte am Waldrand eines kleinen Stadtteils, in der Nähe von Bad Honnef. Zu Beginn lebte ihre Mutter noch, also meine Stiefuroma, die wie die Queen immer in ihrem Ohrensessel saß. Auch nach ihrem Tod traute ich mich nicht, mich in diesen Sessel zu setzen. Die beiden Damen richteten die leckersten und größten Sonntags- oder Feiertagsessen aus, es gab Buttercremetorte und selbst gemachte Mousse au Chocolat. Die Familie kam zusammen, es herrschte viel Trubel, und es wurde viel gelacht. Der Wald am Haus war mein Abenteuerspielplatz, und ich genoss jeden Besuch. Später, als ich mit meinen Eltern weggezogen war, half ich meiner Stiefoma in den Ferien viel im Haus. Ich strich den Zaun, buddelte alte Wurzeln aus oder räumte den Keller um. Auch mit meinem ersten Freund übernachtete ich noch bei ihr, bevor sie in ein Seniorenheim kam.

Vor allem Weihnachten war für mich als Kind in dieser Zeit ein nicht enden wollendes Event. Heiligabend feierten wir immer zu dritt Zuhause, am ersten Weihnachtsfeiertag saßen wir dann im Auto, um bei Ikaka und anschließend bei meiner Stiefoma zu feiern. Weihnachten war für mich ein tagelanges Event, und jedes Jahr freute ich mich schon wieder auf das nächste Weihnachten. Auch die Momente bei meiner Stiefoma, als die Beziehung meines Stiefvaters und meiner Mutter in die Brüche ging, halfen mir sehr. Es fühlte sich so an, als würde ich dort in eine Seifenblase eintauchen. Hier herrschte immer Frieden, das Gras war grüner, niemand diskutierte, schlechte Gedanken wurden einfach verdrängt. Für mich als Zwölfjähriger war das sehr heilsam.

All diese Frauen haben mich geprägt. Ihnen habe ich unendlich viel zu verdanken. Sie haben mich neugierig aufs Leben gemacht. Sie nahmen mich an die Hand und erklärten mir die Welt. Sie erzählten mir Geschichten, hörten mir aber vor allem zu. In dieser Zeit entstand das Grundgerüst meiner eigenen Werte und meiner Weltanschauung. Umso schwerer fiel und fällt es mir, diese Menschen loszulassen! Als meine Oma starb, war ich noch sehr klein, ich kann mich nicht wirklich daran erinnern. Der Tod meiner Stiefoma, ich war Ende 20, war für mich allerdings so schlimm, dass ich es nicht einmal auf ihre Beerdigung schaffte. Zu sehr zerriss mich die Erkenntnis, dass sie nie mehr da sein würde, ich weigerte mich innerlich, sie loszulassen. Ich bin überzeugt davon, dass sie mir mein Nichterscheinen von da oben nicht krummgenommen hat. Es dauerte mehr als fünf Jahre, die

Trauer zu verarbeiten und meinen Frieden mit ihrem Weggang zu schließen.

Ikaka wird bald 90 Jahre alt, und es fällt mir schwer zu akzeptieren, dass die noch verbleibende Zeit sehr begrenzt ist. Ich rufe sie immer noch fast täglich an und lasse sie viel an unserem Familienleben teilhaben. Ich schicke ihr regelmäßig Bilder von uns zu und erzähle ihr von all den Projekten, die wir bearbeiten. Es ist mir wichtig, auch wenn sie über 500 Kilometer entfernt wohnt, die Verbindung zu halten und ihr dadurch vielleicht auch wieder etwas zurückzugeben. Heute möchte ich ihr helfen, wenn *sie* Hilfe benötigt.

Die wohl tiefgreifendste Reflexion über unsere Kindheit hatten Christian und ich allerdings im Adoptions- und Pflegeprozess – auch darüber werde ich an anderer Stelle mehr erzählen. Erst hier, also mit 39 Jahren, fiel mir auf, wie wenig Erinnerung ich in den ersten sechs Lebensjahren an meine Mutter hatte. Die Erkenntnis traf mich wie ein Hammerschlag. Es konnte doch nicht sein, dass ich so gar kein gemeinsames Bild von uns im Kopf hatte. Ich beschäftigte mich intensiv damit und suchte nach empfundener Entbehrung, nach negativen Gefühlen oder Erinnerungen, nach Gefühlen des Vermissens – fand sie aber nicht. Obwohl anscheinend vor allem meine Oma und Ikaka sich um mich gekümmert hatten, während meine Mutter arbeitete, fehlte in meiner Kinderwelt damals tatsächlich nichts.

Ich bin heute meiner Mutter unendlich dankbar für alle Entscheidungen, die sie damals getroffen hat. Sie hat ein für uns besseres Leben geschaffen! Sie hat *ihren* beruflichen Traum aufgegeben, um sich um mich, um uns zu kümmern. Sie hat das bestmögliche Umfeld für mich geschaffen, damit ich behütet und in Frieden aufwachsen und mich entwickeln konnte. Sie hatte sich zum damaligen Zeitpunkt ihr Leben sicherlich auch anders vorgestellt, aber sie gab nie auf und kämpfte wie eine Löwin. Ich war ein sehr glückliches Kind!

Christian und ich steckten mitten im Adoptiv- und Pflegeprozess, als wir uns gegenseitig zum ersten Mal tatsächlich ausführlich über unsere frühe Vergangenheit erzählten. Er sagte zu mir: »Ich hatte eine total behütete Kindheit!« Er wuchs in einer großen Familie auf, mit Omas, Opa, Tante, Patentante und unzähligen Freund*innen seiner Eltern. Vor allem Christians Vater, Walter, war beim Gedanken an eigene Kinder der treibende Part. Er ist elf Jahre älter als seine Frau Helga, und sein größter Wunsch war es, Vater zu werden. Und so wurde Helga, in der Blüte ihres Schaustellerdaseins, mit einem Stand für Kinderbekleidung aus eigener Herstellung, mit Anfang 20 schwanger. Die Schwangerschaft verlief ohne jegliche Komplikationen, und noch am Tag der Entbindung stand sie an ihrem Stand auf der Messe in Tübingen. Christian gehört eher zur gemütlichen Sorte und erblickte einige Tage über dem errechneten Geburtstermin das Licht der Welt, eine Stunde nachdem seine Eltern das Krankenhaus erreichten. Schon wenige Tage später konnten sie das Krankenhaus verlassen und unweit von Albstadt das neue Familienleben mit Baby, Hund, Katze und Co. genießen. Da sich herausstellte, dass Christian ein völlig unkompliziertes Baby war, ruhte sich die junge Familie kaum aus, und zog schon sechs Wochen später wieder im Wohnmobil durch Deutschland. Schon als Baby war er so auf den Märkten und Messen bekannt wie ein bunter Hund. Sein Leben und die Umstände, in die er hineingeboren war, waren eher unkonventionell und nicht geregelt, doch er nahm all dies völlig unkompliziert auf. Ein großer Vorteil dieser Flexibilität war, dass er, ob im Lokal, im Wohnmobil oder Hotel, schon als Baby und Kleinkind in jeder Lebenssituation schlafen konnte. Etwas, um das ich ihn sehr beneide, denn ohne Ohrstöpsel stehe ich nachts senkrecht im Bett.

Als Christian ins Kindergartenalter kam, entschieden seine Eltern, dass der Lebensmittelpunkt der Familie wieder auf die schwäbische Alb verlegt werden sollte. Seine Eltern gaben den Beruf der Schaustellerei allerdings nicht auf. Wenn sie unterwegs waren, übernahm Omi Margot, die Mutter von Walter, das Zepter. Sie arbeitete in der heimischen Familienbäckerei, die sie mit ihrem Mann aufgebaut hatte, bevor dieser früh verstorben war. Christians Vater war ebenfalls Bäcker- und Konditormeister, und der Plan war, dass er später die Bäckerei übernehmen sollte. Doch dazu war es nie gekommen. Helga war gelernte Friseurin, übte ihren Beruf nach der Ausbildung allerdings nie aus.

Omi Margot unterstützte die Familie, wo es nur ging, und spielte eine wesentliche Rolle in der Erziehung von Christian. Während sie einerseits herzensgut war und unglaublich geduldig im Umgang mit Christian, war sie aber auch ein sehr vorsichtiger, fast ängstlicher Mensch. Das beeinflusste Christian sehr, die vorrangig ängstliche Prägung hat er bis heute behalten. Er ist definitiv kein Mensch, der gerne Risiken eingeht. Er wägt einhundertmal ab, bevor er einen größeren Schritt unternimmt, kleine Vorkommnisse können zu Unsicherheit und stundenlangem Philosophieren über mögliche Konsequenzen führen.

Neben Omi Margot gab es die Mutter von Christians Mama, Oma Anni, die ebenfalls in der Nähe der Familie lebte. Christian bezeichnet sie bis heute als seine Heldin. Sie ließ sich uneingeschränkt auf ihn ein und las ihm jeden Wunsch von den Lippen ab. Egal, ob stundenlanges Spielen auf dem Boden, Abenteuerspaziergänge im Wald oder häufige Spielplatzbesuche ... Sie war sein Mittelpunkt. Aufgrund ihrer Kontaktfreudigkeit und Unvoreingenommenheit war Oma Anni ebenfalls ein großes Vorbild für Christian. Wann immer er sie besuchte, schleppte sie ihn zu allen Freund*innen und Nachbar*innen mit. Ihr Zuhause war selten ohne irgendeinen Besuch, die Menschen gaben sich die Klinke in die Hand.

Täglich saß ihre Freundin Charlotte, eine Nachbarin aus dem vierten Stock, bei ihr im Wohnzimmer. Für Christian wirkte Charlotte wie eine schlecht riechende Königin, immer top gekleidet, witzig und unfassbar herzlich. Sie nannte Christian immer *Liebchen*. Ihre Wohnung war komplett im Barockstil eingerichtet, ihr engster Vertrauter, eine gefühlt 80 Kilo schwere Katze, deren Bauch auf dem Boden schleifte. Charlotte redete am laufenden Band. Wenn sie zu Besuch kam, bekam Christian immer etwas Geld zugesteckt oder irgendein anderes Geschenk.

Das besondere Highlight war aber der regelmäßige Tankstellenbesuch mit seinen Großeltern, bei dem Christian jedes Mal ein Überraschungsei oder YPS-Heft bekam. Damals wusste er jedoch nicht, dass diese Einkäufe einen sehr ernsten Hintergrund hatten. Sowohl Oma Anni also auch ihr Mann Willi waren Alkoholiker, und bei den Tankstellenbesuchen sorgten sie für Nachschub ihrer Vorräte. Vor Christian konnten sie ihre Sucht allerdings lange verstecken. Heute kann er sich daran erinnern, dass in der Wohnung seiner Großeltern immer ein seltsamer Geruch hing. Ansonsten hatte er durch die Sucht aber keinerlei negativen Erfahrungen machen müssen.

Zu Opa Willi hatte Christian wenig Bindung. Opa Willi beschäftigte sich nicht wirklich mit ihm und war wenig liebevoll. Christian ärgerte ihn hingegen regelmäßig, indem er zum Beispiel Pfeffer in die Schnupftabakdose stopfte. Auch Willis Bierflaschen füllte er gerne mal mit Wasser, was zu Wutausbrüchen führte. Vielleicht war das Christians Versuch, mehr Aufmerksamkeit von Opa Willi zu bekommen. Gab es anschließend Ärger, stellte sich seine Oma Anni immer schützend vor ihn.

Samstags war bei Oma Anni und Opa Willi immer Badetag. Im Haus mit insgesamt sechs Wohnungen gab es im Keller ein großes Gemeinschaftsbad, und man musste sich im Laufe der Woche in einen Plan eintragen, um die einzige Badewanne zu reservieren. Das Wasser für die Wanne wurde in einem Boiler mit Holz geheizt, deshalb musste Anni eine Stunde vor der reservierten Zeit erst einmal für Feuer sorgen. Beim Baden roch es ölig, was von den Öltanks kam, die direkt daneben standen. Für Christian war der Keller von Oma Anni ein einziges Abenteuerland. Da in dieser Generation nichts weggeworfen wurde, fand er bei jedem Kellergang andere Schätze, mit denen er anschließend spielte.

Und dann war da noch Großtante Resi, die dritte starke Frau, die sich um Christian kümmerte und, wie alle anderen auch, nah bei der Familie wohnte. Wenn es ihm dann doch mal langweilig bei einer der Damen wurde, wechselte er einfach die Wohnung, da Christians Eltern oft mit ihrem Gewerbe unterwegs waren. Auf den Märkten in ganz Deutschland verkauften sie ihre selbst produzierte Kinderbekleidung. Immer wenn sie ihre Sachen packen mussten, wurde Christian traurig. Vor allem der Tag der Abreise verlief meist tränenreich. In diesen Momenten übernahm Omi Margot die Mutterrolle und kümmerte sich um den kompletten Haushalt, inklusive Kind und Hunde.

Da das Gewerbe seiner Eltern florierte, wurde das Wohnhaus, in dem auch die Produktion der Kinderkleidung stattfand, zu klein. Sie brauchten mehr Platz in der Nähstube und für die Einlagerung von Stoffen. Deshalb kauften sie 1987 ein Einfamilienhaus mit angeschlossener Gewerbeeinheit. Hatte Christian im vorigen Haus, einem kleinen Bungalow, sein Zimmer noch mit der kompletten Büroeinrichtung seines Vaters teilen müssen, bekam er nun ein eigenes, großes Zimmer.

Probleme, sich an die neue Umgebung anzupassen, hatte Christian nicht. Kaum waren die ersten Kartons ausgepackt, da stand er schon auf der Straße und schaute drei Mädchen neugierig beim Seilspringen zu, um zu fragen, ob er mitspielen durfte. Die Eltern hatten am Umzugstag das Haus noch gar nicht verlassen, doch Christian kannte bereits die halbe Straße.

Vor der Schulzeit und dann während der Schulferien begleitete Christian seine Eltern immer auf die Märkte. Schnell wurden diese zu einem zweiten Zuhause, er bewegte sich auf den Plätzen völlig eigenständig. Seine Eltern konnten sich dabei auf Christian zu 100 Prozent verlassen. Geprägt von Omi Margot konnten sie sicher sein, dass er mit größter Vorsicht handelte und kein Risiko einging. Jeder Markt hatte für ihn ein anderes Highlight, auf das er sich schon vorher freute. Manchmal gab es eine Kirmes neben den üblichen Verkaufsständen, manchmal einen Kleintiermarkt mit Hühnern und Gänsen. Er verbrachte Stunden damit, vor allem an Promoständen für Gemüsehobel, Staubsauger, Superklebstoff und Co. die Kolleg*innen seiner Eltern zu beobachten. Hier saugte er auf, wie die Ware präsentiert wurde, damit er zu Hause die Verkaufsgespräche nachspielen konnte. Schon als Siebenjähriger perfektionierte er so seine eigene, kleine Verkaufspräsentation.

Die Reisen waren für ihn aber auch immer der Garant für neues Spielzeug. An kaum einem Stand konnte er vorbeigehen, ohne seinen Vater davon zu überzeugen, dass *dieses* Spielzeug doch etwas ganz anderes als die anderen wäre und unbedingt in seine Sammlung übergehen musste.

In der Näherei seiner Eltern fand Christian immer kommunikativen Anschluss. Als er gerade mal acht Jahre alt war, lernte er, mit Näh- und Textil-Legemaschinen umzugehen. Er verbrachte Stunden damit, Armbündchen und Etiketten in Pullover einzunähen – für ihn war es das Größte. Natürlich ging es seinen Eltern nie darum, ihn gewinnbringend einzusetzen, sondern seine kindliche Neugierde zu befriedigen und sein Interesse, zum elterlichen Betrieb dazuzugehören, zu befriedigen.

Während seine Mutter, Oma und Großtante beim Nähen immer laut über die Weltherrschaft philosophierten und öfter uneins waren, ließ er sich dagegen im Trubel nicht aus der Ruhe bringen. Langweilte er sich dann beim Nähen doch einmal, baute er sich aus Stoffrollen Höhlen, in denen er sich versteckte und darauf wartete, gefunden zu werden. Bei der Arbeit in der Näherei wollte Christian vor allem mit der Familie zusammen sein, je mehr und länger, desto besser – so fühlte er sich wohl.

Am ersten Weihnachtsfeiertag hat seine Mutter Geburtstag – das jährliche Highlight. Oma Margot kam immer schon am Tag vor Heiligabend vorbei, um Christians Mama in der Küche zu unterstützen. Da sie bei der Familie schlief, konnte er früh morgens zu ihr ins Bett hüpfen. Ab Heiligabend war das Haus jedes Jahr komplett voll. Neben den Großeltern kamen auch die Tante, Freund*innen und seine Patentante zu Besuch. Diese lebte in München, und er sah sie meist nur an Weihnachten. Sie war zwar streng, aber auch ein großes Vorbild. Ihn zog München schon damals an, und er liebte ihre Geschichten, die sie über diese Stadt erzählte. Sie hatte Jahre im Ausland verbracht, sprach fließend Englisch und war als Chefsekretärin eines großen Buchverlages weit gekommen. Mit ihrer Festanstellung, ihren Ambitionen und Verbindungen war sie in der Familie eher eine Außenseiterin.

Sie passte mit ihrem Tun und Handeln nicht wirklich in das bestehende Familienbild. Für Christian war sie ein Freigeist und zeigte ihm, wie man sich frei machte von Meinungen und vor allem von *Besserpisser*innen*.

Da Christians Eltern oft und regelmäßig unterwegs waren, war es ihnen wichtig, in den gemeinsamen Urlauben eine intensive Zeit zu verbringen. Oma Anni stammte aus Kroatien, und ein großer Teil ihrer Familie lebte dort, weshalb sie, bevor Christian in die Schule kam, mehrmals im Jahr in den Süden fuhren, um alle zu besuchen. Dort lernte er schnell, was Gastfreundschaft bedeutete und dass man diese nicht nur durch Geld zeigen musste. Die kroatischen Familien waren nicht besonders betucht, Lebensmittel wurden, so gut das eben ging, selbst angebaut, sodass nur wenig gekauft werden musste. Jeder Besucher wurde mit offenen Armen und viel Herzlichkeit empfangen.

Die Zeit in Kroatien war für Christian sehr intensiv. Hier wurde das Fundament für sein unbändiges Vertrauen in jeden und alles gelegt. Da sich im Dorf jeder kannte, wurde er schon als kleiner Junge einmal quer durch die Nachbarschaft gereicht. Er bekam überall kleine Geschenke und noch mehr Aufmerksamkeit. Die Abende waren lang und ausschweifend, nicht selten saßen sie bis tief in die Nacht, tranken und erzählten sich viele Geschichten. Die Kinder schliefen an Ort und Stelle, auf Bänken, Decken oder auf dem Arm von irgendjemandem ein.

Kurz bevor die Schule für Christian begann, hatte er einen Unfall, dem ein jahrelanger Leidensprozess folgte und ihn bis heute unfassbar geprägt hat. Er befand sich auf dem Weg zum Spielplatz, der in der Nähe des Elternhauses lag, und er balancierte auf der Bordsteinkante des Gehweges, als plötzlich ein Fahrradfahrer von hinten angeschossen kam. Beim Vorbeifahren berührte der Radfahrer Christian und blieb an ihm hängen. Er verlor das Gleichgewicht, wurde regelrecht mitgerissen und schlug beim Fall mit dem Gesicht auf die Kante des Bordsteins auf. Die Nachbarn alarmierten sofort Christians Eltern, die ihr Kind blutüberströmt und schreiend ins Krankenhaus brachten – nicht ohne daran zu denken, die ausgeschlagenen Schneidezähne vorher einzusammeln und diese in einem Plastikbeutel in der Notfallaufnahme abzugeben.

Damals ging die Ärzteschaft davon aus, dass die verlorenen Zähne wieder anwachsen würden, weshalb sie wieder eingepflanzt wurden – ohne Vollnarkose. Bis heute hat er durch diesen Vorfall blanke Angst vorm Zahnarzt. Die Tage darauf verbrachte Christian unter anderem auch mit einer Gehirnerschütterung im Krankenhaus. Anschließend begann ein wahrer Irrsinn an Nachbehandlungen. Fast wöchentlich musste er zum Zahnarzt, um überprüfen zu lassen, dass er keine Blutvergiftung bekam, und ob die Zähne vom Körper abgestoßen werden würden. Erst fünf Jahre später musste man feststellen, dass die wieder eingesetzten Zähne zu locker saßen. Im Universitätsklinikum in Ulm wurde dann von einer Spezialistin entschieden, dass die Zahnlücken geschlossen werden mussten, indem über eine jahrelange Prozedur mit unterschiedlichen Zahnspangen und Methoden die linke und rechte Zahnreihe um jeweils einen Zahn nach vorne geschoben wird. Die kommenden zehn Jahre – seine komplette Schulzeit über – waren eine Tortur der Genesung. Christians Kindheit kam in weiten Teilen zum Erliegen. Wöchentliche Kontrollen in der Zahnklinik, dauerhafte Schmerzen beim Kauen, massive Hänseleien und Einschränkungen beim Sport, immer die Angst, dass eine falsche Bewegung oder ein Gegenstand sein fragiles Gebiss angreifen könnte, und die erzielten Erfolge zunichte machen könnten. Damit die Zahnlücken zumindest temporär verschlossen wurden, hatte Christian eine Art Prothese erhalten. Sie half ihm, doch er lebte in ständiger Panik, dass sie nicht halten würde und man sein wahres Gesicht sehen konnte. Die seelischen Wunden, die er durch diesen Unfall erleiden musste, die jahrelangen Schmerzen und Hänseleien haben ihre Spuren hinterlassen. Bis zum heutigen Tag, 35 Jahre später, fällt es ihm schwer, vor allem auf Fotos unbeschwert zu lachen – trotz einwandfreien Zahnreihen und ohne irgendeine Lücke.

Christian fehlte es ansonsten – obwohl seine Eltern so oft unterwegs waren – an nichts. Vor allem seine Omas sorgten sehr liebevoll dafür, dass er viel Aufmerksamkeit bekam. Sie übernahmen beide eine Mutterrolle und füllten aus, was zeitlich bedingt gefehlt hätte. Für ihn wurden sie seine Leitbilder, mit ihnen entwickelte er Werte wie Zuverlässigkeit und Ehrlichkeit. Während viele seiner Freunde Dinge ausprobierten und Verbotenes taten, blieb Christian sehr vernünftig. Dabei hatte er aber auch nie das Gefühl, etwas zu verpassen, er vermisste nichts – nicht damals und nicht heute. Er entsprach also nicht dem klassischen Rollenbild eines wilden, raufenden und lauten Jungen. Autos, Piraten und Fußball waren nicht seine Welt. Seine Interessen lagen in anderen Bereichen. Er wollte Klarinette spielen, tanzen und reiten. In seinem Zimmer hingen Poster von Boygroups wie Worlds Apart und Caught in the Act. Er spielte lieber mit Mädchen und wollte aus Stoffstücken Puppenklamotten entwerfen und ihnen die Haare waschen. Konfrontationen ging er lieber aus dem Weg, wodurch er sich bei Gleichaltrigen oft ins Abseits bugsierte.

Durch die viele Zeit, die er mit seinen Großeltern und in der Näherei verbrachte, wurde er schon früh mit den Problemen der Erwachsenenwelt konfrontiert. Durch die Alkoholkrankheit seiner Großeltern kam es häufig zu Streit und Diskussionen, in denen es darum ging, recht zu haben, aber auch um Geld oder lediglich um Banalitäten. Da seine Oma in vielen Situationen Partei für Christian ergriff, herrschte Unmut zwischen ihr und ihrem Mann. Christian musste schon mit 13 Jahren erkennen, wie Alkohol Menschen verändern kann. Heute trinkt er zwar gerne mal ein Glas Wein, verspürt aber ansonsten eine große Abneigung gegen jegliche Art von Suchtmitteln.

Er ist trotzdem unglaublich froh, all diese Dinge erlebt zu haben. Sie haben seine Empathie und sein Gefühl für Menschen geschärft. Er setzt sich heute gerne für die Schwachen, für Menschen ein, die nicht ins System zu passen scheinen und unterstützt sie. Christian hat ein unglaubliches Gerechtigkeitsgefühl, er erträgt es nicht, wenn Menschen unfair behandelt werden oder aufgrund von Äußerlichkeiten Negatives erfahren müssen. Er ist ein hochsensibler Mensch, den ich nicht mehr loslassen möchte.

Die Einflüsse unserer Kindheit können unterschiedlicher nicht sein. Und doch haben wir in den letzten Jahren – vor allem während unseres Kinderwunsches – viele Momente in der Vergangenheit gefunden, in denen wir ähnlich oder sogar gleich agiert und reagiert haben.

Die Werte die uns vermittelt wurden, Glaubenssätze, die daraus entstanden sind … Wir sind so oft so unterschiedlich und entfernt voneinander, was uns aber in unserer Partnerschaft ganz eng wieder vereint. Denn wir füllen die an manchen Stellen auftretende Leere, Ungewissheit oder vermeintliche Schwäche des anderen aus. Sowohl Christian als auch ich sind nicht in klassischen, konservativen Familien groß geworden. Wir haben an vielen Stellen durch Adaption und Improvisation immer das Beste aus Situationen unserer Kindheit herausgeholt. Wir waren glücklich!

KAPITEL 3

Wir können alle den Himmel anfassen

Lukas steht am Klettergerüst auf einem Spielplatz und versucht verzweifelt, an das Halteseil der Balancierstange aus Holz zu gelangen. Er schaut verärgert hoch. »Papi, warum bin ich noch nicht groß?«, fragt er. Papi schaut ihn lächeln an. »Du, weil alle Menschen irgendwann einmal klein waren. Sie kommen als Baby zur Welt und werden über die Jahre immer größer«, antwortet Papi. Lukas dreht kritisch den Kopf zur Seite. »Aber dann können wir ja irgendwann den Himmel anfassen«, erwidert er.

Und da war er wieder … Dieser unglaubliche Moment des Alles-erreichen-Könnens, wenn man einfach nur fest genug daran glaubt. Wenn wir unseren Sohn heute anschauen, dann gehen wir in Gedanken auf eine Zeitreise in unsere eigene Vergangenheit zurück. Und wir beginnen unweigerlich zu vergleichen. Dabei geht es nicht nur um unsere Kindheit, die wir unterschiedlich erlebt haben, sondern vor allem auch um die äußeren Einflüsse. Während die älteren Generationen geneigt sind zu sagen, dass früher alles besser war, vergleichen wir wesentlich differenzierter.

Christian und ich gehören zu einer Generation, die in vielen Bereichen sehr unbedarft aufwachsen durfte. Ein fachliches Wissen über Kindererziehung gab es zwar, man beschäftigte sich damit als Eltern aber nicht wirklich. Das Lenken und Leiten der Kinder war vor allem durch das eigene Bauchgefühl, durch Erlerntes und Weitergegebenes der Eltern unserer Eltern geprägt. Die Welt und ihre Ereignisse liefen irgendwie langsamer ab. Wir wussten aus Büchern, Zeitschriften und dem Fernsehen, was die Welt bewegte. Kriege waren weit entfernt oder nur lokal zu bemessen. Informationen wurden gefiltert, bevor wir ihnen ausgesetzt waren. In vielen Bereichen lebten wir wie in Seifenblasen. Es gab wenig, das uns wirklich aus der Spur brachte. Wir verabredeten uns im Kindergarten oder der Schule zum Spielen, und diese Verabredungen wurden dann auch eingehalten. Unsere Festnetztelefone waren grün, beige oder rot, hatten in großen Teilen noch Wählscheiben, waren bei Oma und Opa mit Brokat bestickt und hatten im besten Fall lange Kabel. Wenn wir unterwegs waren und jemanden erreichen mussten, konnten wir froh sein, wenn wir die Telefonnummer wussten, oder das Telefonbuch in der entsprechenden Zelle weiterhelfen konnte. Natürlich war auch noch das richtige Kleingeld vonnöten.

Wir behaupten, dass wir die halbe Kindheit draußen verbracht haben. Gärten, Wälder, Parks und Spielplätze waren unser Zuhause. Hier hielten wir uns stundenlang auf und erschufen aus dem Nichts unsere ganz eigenen Welten. Wir waren mehr oder weniger gezwungen, kreativ zu sein und das war auch gut so! Es gab keine Streamingdienste, kein zeitversetztes Fernsehen und zu Beginn auch keine Computer für uns als Konsumenten. Das Sandmännchen lief um 18 Uhr, und wenn man zu spät dran war, gab es eben keines. Die Familie traf sich um 20 Uhr zu den Nachrichten und summte am Wochenende anschließend gemeinsam die Eurovisionshymne fürs folgende Familienprogramm. Eine der wohl größten TV-Innovationen war damals der Wunschfilm am Samstag, bei dem der Zuschauer zwischen drei Filmen wählen konnte, das ging auch per Postkarte. Der Film mit den meisten Stimmen wurde anschließend gesendet. Teilen wir diese Kindheitserinnerung mit unseren Kindern heute, schauen sie uns an, als sprächen wir eine andere Sprache.

Unsere Welt war auch räumlich unfassbar beschränkt. Unsere Urlaube verbrachten wir an der Nord- und Ostsee, im höchsten Fall noch in Italien oder Dänemark. In Hirtshals, einer der nördlichsten Städte Dänemarks, wo wir einige Male im Sommer waren, fühlte ich mich als Kind wie ein Astronaut, der auf den Mond gereist war. Lustig war nur, als wir dort am Strand mit dem Auto stecken geblieben sind und uns Menschen aus unserer damaligen Heimatstadt Fulda zur Hilfe eilten. Der Mond war am Ende also gar nicht so weit weg.

Ich weiß noch, wie ich als Kind eine Sendung ansah und dort vom Walt Disney World Resort in Florida gesprochen wurde. Ich sah Bilder von lachenden Kindern, die in Achterbahnen saßen, Mickey Mouse und Co. umarmten und mit einem Eis vor dem Cinderella Castle standen. Niemals hätte ich einen Gedanken darüber verschwendet, dass ich auch nur einmal in meinem Leben dort hinkomme, geschweige denn sogar für ein Jahr dort arbeite. Bei Christian war das anders, er hatte schon damals eine Weltoffenheit, diese Welt fand aber irgendwo zwischen dem Pferdemarkt in Heilbronn und dem Lullusfest in Bad Hersfeld statt.

Unsere Eltern wären zur damaligen Zeit nie auf die Idee gekommen, in den Urlaub zu fliegen. Und das nicht nur aus finanziellen Gründen, damals gab es das einfach nicht. Eine Familie stieg nicht in den Flieger und verbrachte den Urlaub in fernen Ländern. Fliegen war etwas Elitäres. Wir verbrachten unsere Urlaube in Pensionen und auf Campingplätzen. Eine Welt außerhalb der angrenzenden Länder kannten wir nur vom Hörensagen und aus Büchern. Christian saß im Alter von 17 Jahren zum ersten Mal in einem Flugzeug und flog mit seiner Tante nach Amerika zu einem Sprachaustausch. Bei mir dauerte es noch länger. Ich war 20 Jahre alt, als mein erster Flug tatsächlich nach Orlando in Florida ging, zu besagtem Cinderella Castle im Walt Disney World Resort.

Die Geschichten, die unsere Großeltern und auch meine Großtante Ikaka uns Kindern erzählten, waren wie aus anderen Welten und ließen uns schon damals ehrfürchtig zuhören. Meine Oma wohnte direkt neben dem ersten Bundeskanzler Konrad Adenauer. Er vergaß öfter mal einzukaufen und lieh sich Eier oder Milch bei meiner Oma. Im Haus der Geschichte in Bonn zog sie mich an die Rückseite von Adenauers ausgestelltem Auto und zeigte mir einen Kratzer an der Seite, weil er mal wieder zu schnell die Auffahrt runtergefahren und irgendwo hängen geblieben sei. Der Vater von Ikaka war Bürgermeister in Königswinter. Da konnte es schon mal passieren, dass wir den damaligen Bundespräsidenten bei einer Fahrradtour am Rhein trafen, der mir nach einem kurzen Gespräch liebevoll über den Kopf strich.

Das alles sind Geschichten, die wir als Generation unseren Kindern erzählen können. Unser Erleben war ein eklatant anderes als das der nachfolgenden Generation. Und doch – oder gerade deshalb sind uns die Meinungen und Einstellungen dieser anderen Generationen so wichtig. Auch wenn wir erleben müssen, dass es oft zum berühmten Generationenkonflikt kommt, brauchen wir genau diesen Austausch. Denn die Wahrheit mit dem Umgang von Situationen oder Betrachtungsweisen liegt meist irgendwo in der Mitte. Dafür müssen wir uns aber die andere Seite auch anhören und diese respektieren. Ich empfinde es als total wichtig, über Entwicklungen innerhalb der Generationen zu sprechen und diese zu vergleichen. Nur so kann ich vielleicht auch lernen, Dinge viel mehr zu schätzen, aber vor allem habe ich die Möglichkeit, so neue Erfahrungen zu machen.

Unser Sohn wächst in eine Welt hinein, die eine komplett andere ist, und wir stellen trotz vieler positiver Aspekte allerdings immer wieder fest, dass wir nicht unbedingt tauschen wollen würden. Die Herausforderungen, denen sich unser Kind stellen muss, sind ungleich mehr geworden. Die Welt ist zusammengerutscht, sie ist klein geworden. Wir sind innerhalb von ein paar Stunden in jedem erdenklichen Land, wir sprechen per Video mit unseren Familienmitgliedern im entfernten Kanada, genauso wie mit Freunden, die Urlaub auf einer einsamen Insel machen. Allein unser Sohn hat uns in seinem Alter viel voraus. An eine Kreuzfahrt von Dubai nach Kreta, 16 Tage lang, unter anderem durch den Golf von Aden, wäre in unserer Kindheit schlichtweg nicht denkbar gewesen … Für Lukas schon. Er saß in Ägypten am Strand, genauso wie in Jordanien, Griechenland oder Norwegen. Für ihn ist es normal, dass Papi mal kurz nach Shanghai fliegt und drei Tage später zu Hause beim Abendessen mit Leberwurstbrot und Wienern sitzt. Lukas telefoniert regelmäßig per Videoschalte mit Omi und Opi, die trotz 350 Kilometer Entfernung auf diese Weise ihren Enkel nicht nur alle paar Monate zu sehen bekommen. Er spricht mit seinen Kindergartenfreund*innen über Länder wie Alaska und China, als wären diese nur ein paar Autostunden entfernt. Und natürlich ist es wunderbar, wenn wir mitbekommen, wie die neuseeländische Oma eines Freundes von Lukas abends ihrem Enkel per Videocall ein Buch vorliest. Wir hätten diese Oma damals wahrscheinlich bis ins Erwachsenenalter nicht zu Gesicht bekommen.

Fernsehsendungen werden nicht mehr zu bestimmten Uhrzeiten eingeschaltet, sie werden angeschaut, wenn wir wollen oder Lukas es will. Er kann mit seinen knapp fünf Jahren die Streamingdienste besser auseinanderhalten als wir, und die Wischbewegung mit dem Zeigefinger ist ihm quasi angeboren. Zu Beginn haben wir uns mit der Entscheidung schwergetan, ab wann wir überhaupt damit beginnen, ihn fernsehen zu lassen. Und auf der anderen Seite war und ist uns klar, dass wir diese ganze digitale Welt nicht jahrelang von ihm abhalten können, vor allem aber auch nicht dürfen! Ansonsten entwickelt sich unser Sohn ganz schnell zum digitalen Neandertaler und wird zum Außenseiter. Wir können diese Entwicklung nicht stoppen, und es ist unsere Aufgabe und Pflicht, unsere Kinder behutsam an die Medien heranzuführen. Völlig egal, ob wir es aus unserer Kindheit kennen oder eben nicht.

Alle Informationen, jederzeit, in kurzer oder langer Aufbereitung überall zu erhalten, ist wohl der größte Unterschied zu unserer Kindheit. Manchmal stellen Christian und ich uns die Frage, wie wir die Schulzeit ohne Google und Wikipedia überhaupt überleben konnten. Haben wir wirklich *alles* immer in Büchern nachgelesen? Wir glauben ja, dass vieles einfach unbeantwortet geblieben ist, wenn wir nicht gerade jemanden in greifbarer Nähe hatten, der die Antwort auf unsere Frage wusste.

Während wir früher Brieffreund*innen im Ausland hatten, wird Lukas in ein paar Jahren seinen Laptop aufschlagen und in Echtzeit mit Menschen aus jedem Winkel der Welt chatten. Was ein unfassbarer Segen für die Menschheit ist, ist gleichzeitig aber auch der größte Fluch. Denn spätestens in Zeiten von Social Media ist niemand mehr vor ungefilterten Kommentaren, Meinungen und

Kampagnen sicher. Da wird alles geteilt, was einem gerade in den Kopf kommt. Und so bekommt eben jeder eine Meinung, ob er nun will oder nicht, um die Ohren gehauen.

Wenn Lukas später Mobbing auf dem Schulhof erfährt, haben wir zumindest die Möglichkeit die Mobber*innen zu schnappen und mit ihnen darüber sprechen. Deshalb haben wir mehr Angst vor Cybermobbing, weil es unmöglich sein wird, in der Anonymität des Netzes Neid, Missgunst und Hass von ihm fernzuhalten. Natürlich ist es wichtig, dass er sich auch dem stellt und als digitale Generation lernt, damit umzugehen. Und doch wissen wir, dass unsere Kinder es an diesem Punkt unfassbar schwer haben werden, wesentlich schwerer als wir damals. Wir wurden noch gemobbt, weil wir vielleicht keine Markenklamotten trugen. Aber was passiert mit einem jungen Menschen, wenn er heute ein intimes Bild von sich an jemanden schickt, den er toll findet, ohne Vorstellung, dass dieser mit dem Bild etwas anstellen könnte. Und dann passiert es, dass genau dieses Bild im Klassenchat auf WhatsApp oder Social Media landet – eine grauenhafte Vorstellung.

Aber auch der Umgang mit Themen wie einer Pandemie, Krieg oder Katastrophen erreicht unsere Kinder heute viel früher, als das bei uns der Fall war. Plötzlich kommt der Vierjährige nach Hause und erklärt uns, warum bei Freund*innen eine Flüchtlingsfamilie eingezogen ist. Er erzählt mit ernster Miene, dass böse Menschen gegen die Bewohner*innen des Landes kämpfen und deshalb die Familien zu uns geflüchtet sind. In diesem Moment wurde uns klar, dass diese Generation viel früher erwachsen werden muss – was uns sehr traurig gemacht hat. Früher hätten wir diese Geschichte so gar nicht wirklich mitbekommen, oder man hätte sie uns anders verkauft. Gefühlt durften wir einfach ein Stückchen länger Kind bleiben.

Lukas wird an vielen Stellen Mut beweisen müssen. Mut, anders zu denken und zu handeln. Er lebt in einer Welt, in der es fast normal geworden ist, dass man Abitur macht, ins Ausland geht und studiert. Ohne diese Kombination werden viele Jobs einfach verwehrt bleiben. Dabei ist es völlig egal, ob man vielleicht auch ohne höhere Schulbildung das größte Talent in diesem Bereich hat. Ich musste mich zwischen drei Studiengängen im Medienbereich und einer Ausbildung entscheiden, Christians Auswahl der Airline, zu der er als angehender Flugbegleiter hätte gehen können, war auch begrenzt – doch Lukas wird später die Qual der Wahl haben. In meinem Job als Fernsehproduzent war mir lange unklar, warum Studierende in der heutigen Zeit oft nicht wissen, was sie nach dem Studium machen sollen. Viele von ihnen studieren erst einmal BWL, um überhaupt irgendwas zu machen, mit dem Wissen, dass das aber nicht ihr Ziel ist.

Diese Vorgehensweise war für mich lange nicht nachvollziehbar. *Was* war mit dieser Generation bloß los? Bis mir klar wurde, dass viele junge Menschen heute schlichtweg mit dem Überangebot an Möglichkeiten überfordert sind. Würde Lukas heute zum Fernsehen wollen, würde allein die Anzahl an möglichen Studiengängen ganze Seiten füllen. Wie sollen unsere Kinder da *die* eine, richtige Entscheidung treffen? Ich war mit Mitte 20 schon fast ein Spätzünder, was den Zeitpunkt des Abschlusses meiner Ausbildung anging. Geschadet hat es mir allerdings zu keinem Zeitpunkt. All die Erfahrungen, die ich durch den vorgelagerten Zivildienst und meinen Auslandsaufenthalt in Florida gemacht hatte, konnte mir niemand mehr nehmen und waren wertvoller als viele Jahre auf der weiterführenden Schule. Und auch Lukas werden wir alle Zeit der Welt geben, das für ihn Richtige zu finden. Dabei wird er viel Mut haben müssen, sich durchzuboxen, Entscheidungen zu treffen und seinen ganz eigenen Weg zu gehen.

Wir hoffen, dass es genügend Führungskräfte da draußen geben wird – Jessica Lackner, Leadership und Business Coach, spricht in diesem Kontext von *Machkräften* –, die verstanden haben, dass es nicht immer nur um Noten, Studiengänge und Theorie geht, wenn Lukas im Berufsleben ankommt. Wir hoffen, dass sich die Zeit wieder ein stückweit verändert hat und es wieder etwas zählt, für ein Thema zu brennen und das Feuer in den Augen, ein Talent zu haben. Wir hoffen, dass er genau das machen kann, was er für sich entdeckt hat und was ihn glücklich macht.

Wir wünschen ihm, dass es möglichst wenig Menschen geben wird, die ihm Steine in den Weg legen und meinen, ihm sagen zu müssen, dass er etwas nicht schaffe – die sogenannten *Besserpisser*innen*. Wir wünschen ihm so sehr, dass er die bis dahin erhaltenen Werkzeuge nutzt, um all diese *Besserpisser*innen* in die Flucht zu schlagen und, vorbei an allen Widersachern, *seinen* ganz eigenen Weg geht.

Wir versuchen, ihm entsprechende Vorbilder zu sein. Wir gehen mutig den Weg nach vorne und lassen uns schon unser ganzes Leben nicht davon abbringen unseren Traum zu leben. Wir zeigen ihm sehr bewusst, an welchen Stellen wir mutig sind, und sprechen mit ihm schon jetzt, sehr kindgerecht, über diese Dinge. Es kommt uns dabei aber nicht darauf an, dass er heute schon alles versteht, wir wollen, dass er spürt, was in uns vorgeht. Er spürt, dass wir stolz darauf sind, was wir erreichen und dass wir stolz auf uns sind. Deshalb berühren uns Sätze von ihm wie »Papa, ich möchte Monstertruck-Fahrer werden« oder »Wenn ich groß bin, fliege ich zum Mond!« auf eine andere Weise, als diese vielleicht damals unsere Eltern berührt haben. Unsere Eltern haben unsere Aussagen oft nicht ernst genommen. Es waren Spinnereien der Kinder, deren Berufswünsche noch vierhundertmal bis zum Berufseintritt wechseln. Und doch, schaut man genauer hin, lassen sich ab irgendeinem Punkt im Leben unserer Kinder Tendenzen entdecken, seien sie zum Beispiel kreativer, wissenschaftlicher oder musischer Natur. Und vielleicht hat der schon heute genannte Berufswunsch tatsächlich etwas mit der späteren Berufung zu tun. In unserer Welt kann für Lukas alles wahr werden. Wir hätten als Eltern zwar sowohl beim Monstertruck- als auch Astronauten-Berufswunsch Todesangst um unseren Sohn, aber wir würden ihn bei jeder dieser Entscheidungen unterstützen. Der Einzige, der sich hier wirklich im Weg stehen könnte, wäre er selbst.

KAPITEL 4

»Aus Ihrem Sohn wird nichts«

1984, als ich sechs Jahre alt war, zogen wir von Königswinter im Rheinland nach Fulda in Hessen. Mein Stiefvater hatte einen Job als Anästhesist am dortigen Klinikum erhalten, und so zog die Familie mit Sack und Pack nach Osthessen.

Als gebürtiger Rheinländer tat ich mich zu Beginn in meiner neuen Heimat an vielen Stellen schwer. Gefühlt waren die Menschen hier nicht so offen und kommunikativ wie in meiner alten Heimat. Für mich war es ein ständiger Prozess des Anpassens, und ich stolperte immer wieder. Ich war oft unzufrieden und auch unglücklich. Ich verstand nicht, warum die Menschen hier so wenig lächelten. Das kannte ich einfach anders. In der Grundschule rebellierte ich deshalb, und ich fiel immer wieder auf. Wenn es irgendwo Ärger gab, war ich irgendwie immer mittendrin und daran beteiligt. Ging etwas kaputt oder im Sportunterricht flossen Tränen ... Ich war nie weit von diesen Schauplätzen entfernt. War es die Unzufriedenheit der Lebenssituation, war es ein Ventil für irgendetwas Tieferliegendes? Ich weiß es nicht. Ich weiß nur, dass ich Ärger magisch anzog. Es wäre nicht verwunderlich gewesen, wenn meine Eltern als Dauergäste der

Elternsprechstunde, den Parkplatz direkt neben dem Eingang reserviert bekommen hätten.

Einmal war ich von dem lauten Geräusch der Rotoren aufgeschreckt und stellte mich auf den Schulhof, um in den Himmel zu schauen. Als ich den Rettungshubschrauber des Fuldaer Klinikums entdeckte, streckte ich den Arm aus und rief aufgeregt, dass dort mein Vater drinsitze. Diese Situation wiederholte sich einige Male, bis meine Eltern wieder auf ihrem *reservierten* Platz parken durften und vor meiner Klassenlehrerin saßen. Sie schaute meine Eltern ernst an, erzählte ihnen, dass ich mir immer wieder Geschichten ausdenken würde, sie erwähnte auch die wiederkehrende Hubschrauber-Geschichte. Als sie fertig war, holte mein Stiefvater tief Luft. »Mein Sohn hat recht! Ich fliege als Notfallarzt immer wieder im Rettungshubschrauber mit«, erklärte er ihr.

Ich fühlte mich als Kind an vielen Stellen nicht ernst genommen. Ich hatte das Gefühl, ich erzähle etwas, aber niemand wollte mir zuhören oder ich wurde belächelt. Ich bin ja *nur* ein Kind. Es war noch nicht die Zeit, genau hinzuhören und sich wirklich mit dem Verhalten und den Bedürfnissen von Kindern auseinanderzusetzen – zumindest nicht so, wie wir das heute tun. Ich forderte etwas ein, das es im System so noch gar nicht gab. Wir waren als Generation noch weit davon entfernt, dass Kinder ihre Potenziale nutzen konnten, ihre Stärken gestärkt wurden und sie sich frei entfalten konnten.

In den allgemeinen Fächern in der Grundschule war ich ein mittelmäßiger Schüler, doch Sport und Werken lagen bei mir ganz weit vorne. Sobald ich körperlich agieren oder kreativ sein konnte, wuchs ich über mich hinaus. Ich versank in *meiner* eigenen Welt und vergaß Raum und Zeit. Es hagelte in diesen Fächern eine sehr gute Bewertung nach der anderen. Auch bei Schulveranstaltungen und Theateraufführungen war ich schon damals immer ganz weit vorne. Meine ersten Erfahrungen als Moderator machte ich vor der versammelten Schulgemeinschaft inklusive Eltern und Großeltern in der Aula meiner Grundschule. Hätte man ganz genau hingesehen und hingehört … Meine Eltern, meine Lehrer*innen hätten bereits zu diesem Zeitpunkt ein Talent entdecken können.

Es war der erste Versuch, mich von meinem inneren Ich freizustrampeln. Wahrscheinlich ließ ich viele Emotionen, die sich bis zu dieser Zeit angestaut hatten, einfach ziemlich ungefiltert raus, was sich auch in meiner Betragen-Note im Zeugnis widerspiegelte. Frei nach dem Motto: Wenn ihr mir nicht zuhört, dann lehne ich mich schon jetzt auf und zeige es euch eben.

Das Eheleben meiner Eltern war in dieser Zeit leider auch nicht mehr das, was man unter einer gut laufenden Beziehung versteht. Sie heirateten, als ich sechs Jahre alt war, sie ließen sich scheiden, als ich zwölf wurde. Ich litt nicht direkt unter der Situation zu Hause. Ich perfektionierte einfach meine Strategie als Einzelkämpfer. Viele Gefühle, Gedanken und auch Bedürfnisse blieben unausgesprochen. Ich machte die Dinge mit mir selbst aus. Eine Eigenschaft, die sich erst mit Christian wieder verändern sollte.

Als mein Stiefvater auszog, war ich einfach froh, dass es zu Hause ruhiger wurde. Dass er dann in der ersten Zeit anfangs eine Wohnung direkt neben unserer bezog, war nicht gerade zur Freude meiner Mutter, doch mir machte es sehr einfach, damit umzugehen. Er war immer noch schnell erreichbar, und wenn ich ihn brauchte, war er da.

Der Schritt auf die weiterführende Schule, aufs Gymnasium, sollte bei mir vieles verändern. Zumindest merkte ich, dass ich mich besser entfalten konnte. Meine kreative Seite wurde plötzlich ein ganzes Stückchen mehr gefordert, aber vor allem gefördert.

Aus dem Grundschulrebellen wurde nach und nach ein ganz normaler Schüler – bevor ich später doch wieder als System-Rebell auftrat. Ich entdeckte in der Zeit die Schülervertretung. Als ich eintrat, veränderte sich etwas grundlegend. Ich hatte plötzlich eine Stimme, mit der ich etwas bewegen konnte. Zum ersten Mal bekam ich das Gefühl, dass man mir zuhörte und mich ernst nahm. Plötzlich stand ich vor Gruppen von Schüler*innen und konnte meine Meinung vertreten und für etwas kämpfen.

Gleichzeitig rutschte die schulische Leistung über die nächsten Jahre langsam immer weiter ab. Ich verstand den Sinn hinter Latein, Chemie und Mathematik in dieser Tiefe nicht. *Was* konnte ich mit Integralrechnung und einem großen Latinum groß anfangen? Ging es nur darum, auswendig zu lernen – um des Lernens willen? Ich weiß noch, wie ich damals bei meinem Stiefvater am Wohnzimmertisch saß und meine ersten Vokabeln Latein lernen musste. Ich weinte bitterlich, weil es mir unerklärlich war, wie ich diese Sprache jemals *verstehen* würde, geschweige denn, wofür ich sie brauchte. Das alles sollte doch nicht der Ernst des Schulsystems sein! Ich wollte weder Arzt noch Chemiker und noch weniger Mathematiker werden. Natürlich bestreite ich nicht, dass Allgemeinwissen unabdingbar und wichtig ist, aber doch nicht in dieser Tiefe! Was ist mit dem echten Leben? Werden wir darauf tatsächlich bestmöglich vorbereitet? Mit meinen Latein- oder Integralkenntnissen konnte ich auf jeden Fall keine politische Diskussion über Sinn und Unsinn von Elektromobilität oder Klimawandel führen.

Ich fing an, mich im Unterricht fehl am Platz zu fühlen, und stieg inhaltlich in einigen Fächern tatsächlich aus. Ich konnte und wollte nicht akzeptieren, was da mit mir passierte. Nur, weil irgendwelche Gremien sich diesen ganzen Spökes ausgedacht hatten, musste ich jetzt jahrelang darunter leiden? Mit diesen Gedanken sprengte ich schon damals das System. Ich fand keine Antworten auf meine Fragen, weil es schlichtweg keine gab. Lediglich die Worte »Es ist so, weil es schon immer so war« hätten hier wahrscheinlich sehr gut gepasst.

Während die schulischen Leistungen, der eigentliche Grund, warum man zur Schule geht, immer schlechter wurden, ging meine Kariere in der Schülervertretung steil bergauf. Plötzlich war ich Schulsprecher einer Schule mit 1200 Schüler*innen, gewählt wurde ich mit 98 Prozent. Innerhalb des Schulsystems hatte ich an diesem Ort meine Bestimmung gefunden. Ich liebte den Austausch, das Präsentieren und Repräsentieren. Zum ersten Mal in meinem Leben sah ich, dass ich wirklich etwas bewegen konnte, dass ich ein Talent, eine Macht habe, die ich nutzen kann und die mich glücklich macht. Dies war einer der ersten Lebensmomente, an dem ich sagen kann, dass ich – abgesehen von meiner behüteten Kindheit – glücklich war. Ich spürte, dass ich etwas gefunden hatte, das wie ein Tiger in mir geschlummert hatte und plötzlich geweckt wurde. Das große Problem war nur ... Es gab keine Noten dafür. Es gab das Fach *Auftreten*, *Verhandeln* oder *Sprechen* nicht. Ich gab immer mehr Gas auf der einen Seite und rutschte gleichzeitig mit meinen eigentlichen, schulischen Leistungen an vielen Stellen immer weiter ab. Fakt war, es musste etwas passieren. So konnte es in der Schule für mich nicht weitergehen.

Meine Mutter spielte damals eine zentrale Rolle. Natürlich sah sie, wie schwer ich mich mit dem System tat, und wie erfolgreich ich an anderer Stelle war. Wir sprachen offen über diese Zustände und mögliche Lösungen. Es half ganz ungemein, dass ich schon damals wusste, dass ich beim Fernsehen arbeiten wollte.

Ein Wunsch, den ich tatsächlich schon in der frühen Kindheit mehrfach geäußert hatte. Ich hatte kaum Berührungspunkte mit dem Business, da hatte ich aus LEGO ganze Fernsehsets gebaut. Die Aufforderung meiner Mutter, die *Filmsets* mal aufzuräumen, wurde von mir nur mit einem verächtlichen Schnaufen quittiert. Warum verstand sie den Unterschied zwischen Film und Fernsehen nicht? Ich konnte klar skizzieren, was mich in dem Bereich interessierte und dass ich für den Job des Aufnahmeleiters eben auch kein Abitur benötigen würde. Ich war ein Organisationstalent, lösungsorientiert und konnte reden. Als Aufnahmeleiter, in einer Schlüsselposition bei Dreharbeiten, alle Abläufe zu lenken, zu überwachen und die einzelnen Gewerke zu steuern, fand ich eine sehr spannende Aufgabe.

Und so kam, was kommen musste. Ich traf die Entscheidung, das Gymnasium in der elften Klasse zu verlassen. Ich weiß schon gar nicht mehr, wie viele Gespräche ich mit meinen Lehrer*innen und auch dem Schuldirektor führen musste, in denen ich jedes Mal meine Entscheidung verteidigen durfte. Alle wollten mir ins Gewissen reden und mich davon abbringen. Für sie war klar, dass ich mir mit dieser Entscheidung mein ganzes Leben verbaute. Sie erkannten zwar, dass es mir nicht an Intelligenz fehlte, sie erkannten aber nicht, dass mein Abbruch nichts mit Faulheit zu tun hatte. Warum sollte es aber für Menschen wie mich keine Alternativen geben? Es konnte doch nicht sein, dass ich der Einzige war, der diese Probleme hatte. Warum glaubte mir niemand, dass der für mich gewählte Weg nicht ebenso erfolgreich werden konnte? Warum sollte das Abitur die einzig richtige Lösung für mich und für alle sein? Als Aufnahmeleiter brauchte ich kein Latein, keine Integralrechnung oder Chemie. Ich brauchte mein bereits vorhandenes Talent, gepaart mit den Dingen, die ich unter anderem in der Schülervertretung gelernt habe: Auftreten, Lösungen präsentieren, organisieren, lenken und leiten.

Bis heute hat sich im Schulsystem wenig verändert. Viele Pädagog*innen und Fachkräfte unterrichten noch genauso wie vor 30 Jahren. Und trotzdem glaube, zumindest hoffe ich, dass man sich heute doch eher mit den Eltern zusammensetzen, zuhören und versuchen würde, eine Lösung *mit* und für das Kind zu finden. Ich war meiner Zeit damals voraus und überforderte einfach alle Beteiligten.

Kurz danach fiel der alles entscheidende Satz, der bis heute einer meiner größten Treiber ist und dem ich bis heute beide Stinkefinger entgegenhebe. Es war bei der Abschlussfeier der Abiturient*innen, mein letzter großer Auftritt als Schulsprecher. Meine Mutter saß im Publikum, und ich hielt vor der versammelten Schülerschaft eine Rede. Ich sprach über den Sinn und Unsinn unseres Schulsystems, über Talente, das Leben und die Suche nach dem Lebensglück. Als ich mit meinem letzten Satz fertig war und mich bedankte, sprangen alle auf und der Saal tobte, ich erhielt minutenlangen Applaus, einige Abiturient*innen wischten sich die Tränen aus den Augen. Beim anschließenden Empfang nahm mich meine Mutter in den Arm, sie war unfassbar stolz auf mich. Mein damaliger Klassenlehrer kam in diesem Moment langsam auf uns zu und musterte mich kritisch. Er fing an, meinen kommenden Schulabbruch zu thematisieren, schaute dabei allerdings nur meine Mutter und nicht mich an. Es war, als wäre ich nicht anwesend, als wäre ich Luft für ihn. Nach seinen Ausführungen darüber, dass ich mir mit dieser Entscheidung Chancen verbaute, legte er eine kurze Pause ein. Und dann sagte er: »Aus Ihrem Sohn wird nichts.«

Dieser Moment sollte einer der unfassbarsten Momente meines Lebens werden. Welches Recht hat ein Mensch, so über einen anderen Menschen zu urteilen, völlig egal, welchen Alters und welchen Backgrounds? Wie kann man sich anmaßen, solche Äußerungen von sich zu geben? Wie kann man eine solche Aussage treffen? Aber ja, wir sind eine Gesellschaft von Rechthaber*innen und *Besserpisser*innen*. Wir müssen jedem gefragt oder ungefragt unsere Meinung aufdrücken. Alles, was anders als die Norm ist, wird kritisch beäugt. Wir lassen wenig bis keinen Raum für Andersartigkeit, für Ausbrüche und alternative Entwicklungen, Unbekanntes lehnen wir per se erst einmal ab.

Aber wie kann man die komplette Zukunft eines Jugendlichen so infrage stellen? Was wäre damals gewesen, wenn ich *keinen* eigenen Kopf, keinen Plan gehabt hätte? Was wäre gewesen, wenn ich mich dem System der Schule gebeugt und all die vermeintlichen Tipps meiner Gegenüber angenommen hätte. Ich wäre heute unfassbar unglücklich!

Gehörte es nicht zur Aufgabe meines Klassenlehrers, wäre es nicht sogar seine Verantwortung gewesen, mich an die Hand zu nehmen und mit mir gemeinsam herauszufinden, *wie* ich es zu dem bringe, was *ich* möchte? Und ist dieses »Zu etwas bringen« nicht eine klare Definitionssache? *Muss* man Banker*in, Rechtsanwalt oder Ärztin werden, damit die Gesellschaft anerkennend sage: »Der hat es zu etwas gebracht?« Es ist doch scheißegal, was andere sagen, wichtig ist doch nur, dass ich mit dem, was ich tue, ganz allein für mich glücklich bin, und es so für *mich* zu *etwas gebracht habe*.

Auf der anderen Seite bin ich sehr froh, dass er mich damals nicht an die Hand genommen hat. Es hätte definitiv nicht meinem Glück, sondern vielmehr seinem Glück geholfen. Sein Satz »Aus Ihrem Sohn wird nichts!« wurde allerdings ein maßgeblicher Antrieb für viele Dinge in meinem Leben. Als Rebell in der Grundschule hatte ich das gymnasiale System gesprengt, doch mein Siegeszug des Andersseins hatte gerade erst begonnen. Das Feuer in meinen Augen fing an zu lodern. Ich wollte es mir, aber auch dem Rest der Welt beweisen, dass der eingeschlagene Weg *mein* richtiger ist! Mit dieser fraglichen Motivation, allen guten Ratschlägen und Lebensweisheiten meiner Lehrer*innen zum Trotz, startete ich voller Energie und Vorfreude in mein neues, außerschulisches Leben.

Einer der ersten Gänge war der Weg zur Arbeitsvermittlung. Nicht, weil ich Hoffnung hatte, dass mir hier mein Traumjob angeboten wurde, es war ein rein bürokratischer Akt, der damals mit dem Kindergeld zusammenhing. Selbstbewusst saß ich mit meiner Mutter vor dem Mitarbeiter der Arbeitsvermittlung und erzählte freudestrahlend von meinem Vorhaben, beim Fernsehen zu arbeiten. Ich hatte recherchiert und wusste, dass mein schulischer Background absolut ausreichte, um Aufnahmeleiter zu werden. Neben der schulischen Laufbahn, einer Ausbildung oder einem Volontariat waren damals auch Quereinstiege in dem Bereich ganz normal. Der Mitarbeiter hörte sich meine Geschichte an, tippte wild auf seiner Tastatur herum und schaute in seinen Computermonitor. Nach einer Weile des Schweigens blickte er zu meiner Mutter, dann zu mir. »Wie wäre es, wenn sie Radio- und Fernsehtechniker werden?«, fragte er. Er führte aus, dass es unmöglich sei, in der TV-Branche Fuß zu fassen, und ich auf diesem Wege wenigstens etwas mit Fernsehen zu tun hätte.

Wie schon beim Aufeinandertreffen mit meinem Klassenlehrer wusste ich mittlerweile, dass es Momente im Leben gab, an denen man besser nichts sagte. Mein Gegenüber hätte mich ohnehin nicht verstanden. Mal abgesehen davon hatte der Mitarbeiter der Arbeitsvermittlung bis dahin ja schon nichts verstanden. Ich wollte beim Fernsehen arbeiten. Ich wollte Sendungen, Inhalte, Emotionen produzieren, Menschen unterhalten. Die Unterhaltung sollte definitiv nicht die Freude über einen reparierten Fernseher sein! Gott sei Dank schüttelte selbst meine Mutter den Kopf. Sie hatte nun mehrfach selbst mitbekommen, dass es irgendwie keinen Platz im System für mich zu geben schien. Uns wurde klar, dass dieser Platz erst mal mit viel Kraftanstrengung gesucht werden musste.

Wenn ich heute an diese Zeit denke, dann ist mir nicht nur danach, mit dem Kopf zu schütteln. Wenn es mir damals so ergangen war, dann weiß ich nicht, wie viele andere auch dieselbe Situationen erlebt hatten. Wie viele Generationen an Kindern wurden durch solche Aussagen und Verhaltensweisen in Rahmen und Muster gepresst, in die sie sich freiwillig nie bewegt hätten. Wie viele Erwachsene muss es heute geben, die Dinge tun, nur weil man ihnen bereits in der Jugend gesagt hat, dass sie das so zu tun haben. Wie viele Menschen haben den Satz »Aus dir wird nichts!« zu hören bekommen, der sie ihr komplettes Leben lang begleitet, manipuliert, aber vor allem lebenslang unglücklich gemacht hat?

Wenn *du* diese Zeilen liest, kann ich nur hoffen, dass es dich nicht auch getroffen hat. Und auf der anderen Seite weiß ich ebenfalls, dass es *nie* zu spät ist, aus diesem Rahmen herauszutreten. Nur, weil du Dinge vielleicht Jahrzehnte so getan hast, weil es vielleicht jemand anderes für dich besser wusste, heißt es nicht, dass du dies heute nicht ändern kannst, völlig egal, in welchem Alter du heute bist. Natürlich ist dieses Freistrampeln heute mit viel mehr Kraft verbunden, als es vielleicht damals als Kind und Jugendlicher gewesen wäre. Die Liste an Ausreden wird mit dem Älterwerden kontinuierlich länger. Aber ich kann mit Fug und Recht sagen, dass es sich *immer* lohnt, auszubrechen, dass es nie zu spät ist, *dein* ganz eigenes Ding zu machen!

Natürlich ging all der Gegenwind, das Misstrauen der Menschen auch an mir nicht spurlos vorbei. Trotz Klarheit, trotz Dickkopf und des Willens, als Macher aufzutreten, gab es viele Momente, in denen ich mich infrage stellte. Wie sollte meine Zukunft werden? Wie schaffe ich, das zu erreichen, was ich will? Und *was* genau will ich überhaupt? Hatten doch alle recht und ich nicht? Für einen Moment stellte auch ich infrage, ob ich mein Glück auf dem Weg verloren hatte!

Aufgrund von Christans Unfall, bei dem er zwei Schneidezähne verloren hatte, fing seine Grundschulzeit schon unter keinen positiven Voraussetzungen an. Er war vor allem damit beschäftigt, sich permanent zu verstecken. Die Zahnärzt*innen hatten es auf einen Versuch ankommen lassen und die rausgeschlagenen Zähne wieder eingesetzt, in der Hoffnung, dass diese wieder anwachsen. Sie sahen dadurch allerdings im Verhältnis etwas größer aus als das restliche Gebiss, was ihn total hemmte. Zusätzlich führte der medizinische Versuch zu vielen Einschränkungen. Er durfte nicht am Sport teilnehmen oder auch auf dem Schulhof kein Fangen spielen, er musste sich permanent zurückhalten und bei allem, was er tat, aufpassen. Die Gefahr, die Zähne endgültig zu verlieren, war zu groß. Christian selbst spricht von einer Katastrophe, was für mich von außen betrachtet, noch viel zu gelinde ausgedrückt ist. Er schämte sich so sehr für sein Aussehen, dass er den wahren Grund seiner dauerhaften Zurückhaltung nie offen anderen gegenüber äußerte. Sein Alltag bestand aus permanenten Ausreden und Lügen. Viele Dinge, die für Kinder in seinem Alter völlig normal waren, fanden bei ihm einfach nicht statt. Innerhalb kürzester Zeit wurde er mit einer Bandbreite an Schimpfwörter konfrontiert. Dass die anderen Schüler*innen »Hasenzahn« nannten, hinterließ tiefe Spuren in seiner Kinderseele. Neben Beleidigungen erlebte er aber auch körperliche Gewalt. Er wurde von seinen Mitschüler*innen ausgelacht und herumgeschubst, ihm wurden Schulsachen geklaut und anschließend kaputt gemacht.

Er wäre damals so gerne in den Volleyball- oder Faschingsverein gegangen. Da seine Peiniger*innen aber in diesen Vereinen waren, traute er sich nicht, sich dort anzumelden. Und so landete er bei Freizeitaktivitäten, bei denen Menschen teilnahmen, die ihm nichts taten, Menschen, die offener und vielleicht auch weicher waren. Er wurde zum Beispiel im Turnverein aktiv und begann, Klarinette zu spielen. Seine Schulzeit startete er so als absoluter Außenseiter. Wenn er heute über diese Zeit spricht, wirkt sein Gesicht nachdenklich, und es bilden sich Tränen in seinen Augen. Seine Grundschule lag einige Kilometer entfernt von seinem Zuhause, auf einem Berg. Das Gebäude war uralt, die Holzböden knarrten und die massiven Türen ließen sich nur schwer, unter ohrenbetäubendem Quietschen, bewegen. Überall roch es nach modrigem Gewölbekeller.

So unbeliebt er früh bei seinen Mitschüler*innen war, so sehr mochten ihn seine Lehrer. Er fiel nie auf, was aber alleinig an seinem angepassten, zurückhaltenden Verhalten lag. Ihm war wichtig, eine gute Beziehung zu seinen Lehrer*innen zu haben, da es die einzige Möglichkeit war, im schulischen Umfeld geschützt zu werden. Die Grundmotivation, in die Schule zu gehen, war durch all diese Umstände auch bei ihm schnell nicht mehr vorhanden. Sein eigenes System war komplett blockiert. Wenn er morgens aufstand, stellte er sich als Erstes die Frage, wer ihn heute ärgern wird. Jeder einzelne Tag wurde so zum Spießrutenlauf für ihn. Er steckte in einem Hamsterrad fest, das sich immer schneller zu drehen schien.

Selbst vor seinen Eltern verschwieg er viele Hänseleien, er wollte die Worte, die er von den anderen Kinder hörte, nicht mehr wiederholen. Sie sahen, dass ihr Sohn litt und waren völlig verzweifelt. Alle Gespräche mit Lehrer*innen und auch mit Eltern von Kindern, die ihren Sohn angingen, halfen damals nicht, die Situation für Christian zu verbessern. Seine schulischen Leistungen waren schlecht und spiegelten die Situation wider. Spaß machten ihm nur die Fächer Musik und Kunst. Vor allem bei Omi Margot und Oma Anni kam er zur Ruhe und konnte abschalten. Dort fand er, was er vor allem in der Schule nicht bekam – uneingeschränkte Akzeptanz und Zuneigung. Sie stellten Christian nicht infrage, sie liebten ihn ganz genauso, wie er war. Ihnen war egal, wie er aussah oder wie er sich benahm. Er bekam von ihnen alle Aufmerksamkeit, die er an anderer Stelle nur im negativen Sinne erhielt.

Im Alter von acht Jahren eröffnete er seinen Eltern, dass er gerne einen Bruder oder Schwester hätte, weil er sich allein fühlte, lösten die Gedanken an ein Geschwisterchen Glücksgefühle in ihm aus. Er bewunderte Familien mit mehreren Kindern. Zu Beginn waren seine Eltern, beide Einzelkinder, von seinem Wunsch nicht gerade angetan. Christian war aus dem Gröbsten raus und nochmal von Anfang an zu beginnen, war im ersten Moment nicht unbedingt eine Traumvorstellung für sie, doch ganz abgeneigt waren sie auch nicht. Christian blieb ziemlich hartnäckig. Jeden Abend legte er einen Zuckerwürfel auf die Fensterbank, in der Hoffnung, dass diese Geschenke den Storchen dazu veranlasst, ein Geschwisterchen vorbeizubringen. Zumindest wurde ihm das so von seiner Oma erzählt.

Die Zuckerwürfel hatten dem Storch offenbar geschmeckt, zumindest eröffnete seine Mutter ihm eines Tages im Auto, als sie ihn von der Schule abholte, dass sie schwanger sei. In diesem Moment hätte Christian am liebsten laut aufgeschrien. Endlich wurde sein Wunsch wahr. Dass neun Jahre Altersunterschied eher zu zwei Einzelkindern, als zu einer brüderlichen Verbundenheit führen würden, konnte er sich in seinem kindlichen Bewusstsein noch nicht ausmalen. Neun Monate später wurde er so der stolzeste, große Bruder, den die Welt je gesehen hat. Natürlich wusste er zu dem Zeitpunkt noch nicht, dass er nach der Geburt innerhalb kürzester Zeit zu einem unfassbar selbstständigen Menschen werden würde, der unerwartet ganz viel Verantwortung übernehmen musste. Denn direkt nach der Geburt seines Bruders Daniel gab es Komplikationen bei seiner Mutter, die so massiv waren, dass sie anschließend sechs Monate im Krankenhaus behandelt werden musste. Daniel wiederum war quietschfidel und wuchs die ersten Monate vor allem bei seinem Vater und Christian auf. Christian übernahm viele Aufgaben, die nicht mehr altersgerecht waren. Direkt nach der Schule kümmerte er sich um Daniel und ging mit ihm spazieren, wechselte seine Windeln und war einfach für ihn da. So sehr er sich einen Bruder gewünscht hatte, gab es durch diese besondere Situation auch viele Momente, in denen Christian sauer auf Daniel war. Er wusste, dass sein kleiner Bruder nichts dafürkonnte, und doch sorgte dieser dafür, dass er ein stückweit nicht mehr Kind sein konnte. Er musste funktionieren. Zudem hatte er wahnsinnige Angst um seine Mutter, deren Leben für lange Zeit an einem seidenen Faden hing.

Einige Monate später trafen seine Eltern die Entscheidung, ein Kindermädchen in die Familie zu holen. Die Belastung von Christian und seinem Vater, während sich seine Mutter im Krankenhaus erholen musste, war einfach zu hoch. Sie war Anfang 20 und kam aus Thüringen. Von Anfang an, war sie unglaublich liebevoll zu Daniel und Christian, engagiert und lustig. Christian baute eine sehr enge Bindung zu ihr auf. Bis heute hat er noch Kontakt zu ihr.

In der weiterführenden Schule hatte sich allerdings für ihn nichts verbessert. Die Klassen waren zwar neu zusammengesetzt worden, und doch gab es noch genügend Schulkamerad*innen, die aus der Grundschule übrig geblieben waren. Christians Ruf, sein ganzes Image, hatte sich nicht wesentlich verändert. Der Versuch, seine Schneidezähne zu retten, war gescheitert, und sie mussten schlussendlich doch gezogen werden. Gleichzeitig sollten im Kiefer beide Zahnreihen so verschoben werden, dass sie die vorderen Lücken verschließen. Heutzutage würde man das Problem mit Implantaten lösen, doch damals war die Medizin noch nicht so weit, weshalb die Ärzteschaft nach anderen, kreativen Lösungen suchte. Es wurde eine Zahnspange entwickelt, die den Kiefer langsam verschob und vorne die Lücke der beiden Schneidezähne mit Kunststoffzähnen schloss. Da die Lücke mit der Zeit kleiner wurde, mussten die künstlichen Zähne immer weiter abgeschliffen werden. Für Christian ging der Spießrutenlauf in der Schule weiter. Eben hatte er noch zu große Schneidezähne, nun hatte er zu kleine. Und er musste sich neue Geschichten ausdenken.

Natürlich kann man fragen, *warum* Christian überhaupt ein so großes Ding aus seinem Unfall machte. Er hätte ja auch ganz offen damit umgehen und seine Geschichte erzählen können. Seine Antwort darauf ist einfach wie traurig … Er hatte kein

Selbstbewusstsein. Der Unfall mit all seinen Konsequenzen, war für ihn so prägend, dass er sich versteckte und mit niemandem darüber reden wollte. Für professionelle Hilfe war die Zeit ebenfalls noch nicht reif. Es hätte sie schlichtweg nicht gegeben. Viel mehr erschüttert aber, dass er in dieser Zeit sein echtes Lachen in der Öffentlichkeit verlor! Er hatte Angst, jemandem würde auffallen, dass mit seinen Zähnen etwas nicht stimmte und er darauf angesprochen werden würde.

Christians Fokus verschob sich mit der Geburt seines Bruders und der anschließenden Unterstützung im Haushalt noch weiter weg vom typischen Dasein als Kind und Jugendlicher als ohnehin schon. Fußball und Rangeleien, Abenteuer und Risiko gehörten nicht zu seinem Alltag, stattdessen spielte er lieber mit Mädchen und Puppen. Die Reaktion darauf ließ nicht lange auf sich warten, und so machte er mit zehn Jahren zum ersten Mal Bekanntschaft damit: »Du bist doch schwul!« Vielleicht spürte Christian, dass etwas Wahres dran war. Heutzutage gesteht man Kindern Offenheit beim Ausleben ihrer Identität zu, doch damals steckte man ihn sofort in eine Schublade. Sein Zimmer war mit Postern von Boybands verschönert, und er probierte gerne Kleider und Röcke von seiner Tante an. Im Regal in seinem Kinderzimmer befanden sich unzählige Barbies. Doch war er noch viel zu jung und die Welt viel zu engstirnig, als dass er sich die Frage nach seiner Identität und Sexualität offen gestellt hätte. Christians Nachbarin, die vier Jahre älter war, nahm ihn eines Tages mit in ihren Tanzverein. Bisher hatte er nur zu Hause getanzt, er liebte Musik, aber in einer Gruppe mit fremden Menschen zu tanzen …? Er überwand seinen inneren Schweinehund und fuhr zum ersten Probetraining. Da Männer im Verein eine Rarität waren, wurde er mit offenen Armen und großer Neugierde aufgenommen.

Daraus entwickelte sich eine jahrelange Leidenschaft, mit vielen erfolgreichen Turnierkämpfen. Im Tanzen fand er Vertrauen in sich selbst, aber auch eine Stärke, und zum ersten Mal erhielt er Anerkennung von Menschen außerhalb seiner Familie.

Gegen Ende der weiterführenden Schule, Christian war 13 Jahre alt, fand auch das jahrelange Zahnspangenthema ein Ende. Seine Zahnreihen hatten sich tatsächlich so verschoben, dass die Lücke sich geschlossen hat. In diesem Moment fiel von Christian etwas ab, das schwerfällt, zu beschreiben. Die Tortur hatte ein Ende. Das ganze Leiden, alle Verspottung waren auf einen Schlag vorbei. Und trotzdem konnte er erst wirklich damit abschließen, als er mit 15 die weiterführende Schule abschloss und zu seiner Oma zog.

Er hatte die Entscheidung getroffen, eine Wirtschaftsschule in der Stadt zu besuchen, wo auch seine Oma wohnte. Er hätte es einfacher haben und eine Schule in direkter Nähe seines Zuhauses besuchen können. Er wollte aber aus seinem alten Umfeld flüchten und nichts mehr mit all den Menschen zu tun haben, die ihm sein Leben so zur Hölle gemacht hatten. Er schloss mit ihnen ab, brach mit allen vermeintlichen Freund*innen und begann ein komplett neues Leben. Und urplötzlich veränderte sich *alles*. Christian begann, eine eigene Meinung zu entwickeln, aber vor allem auch zu vertreten. Er war bei anderen Mitschüler*innen beliebt und wurde Klassensprecher. Seine Leistungen stiegen eklatant nach oben. Und auch Christians Terminkalender füllte sich merkbar. Er fand viele Freund*innen, die älter waren und an denen er sich orientieren konnte. Niemand kannte seine Vorgeschichte, niemand verurteilte ihn, niemand lästerte oder mobbte ihn. Er fing an zu leben! Er wurde zu Geburtstagen eingeladen, schloss Freundschaften und fing an, wie jede*r Jugendliche in seinem Alter, auszugehen. Seinen ersten Nebenjob hatte er in der Gastronomie, wo er Anerkennung und Lob erhielt, für ihn war es wie eine Bühne. Während all der Zeit unterstützte seine Oma seine neu gewonnene Selbstständigkeit. Sie vertraute ihm, ließ ihn machen und holte auch keine Absolution bei seinen Eltern. Wenn Freund*innen von ihm zu Besuch kamen, freute sie sich, diese kennenzulernen und für alle zu kochen.

Zu Beginn war er an den Wochenenden immer bei seinen Eltern und seinem Bruder. Mit der Zeit wurden diese Heimfahrten jedoch immer weniger. Er begann, sich ein eigenes soziales Umfeld aufzubauen und dieses auch in vollen Zügen zu genießen. Seine Mutter tat sich dagegen schwer, ihn loszulassen. Da Christians Großeltern Alkoholiker waren, war sie sich im Unklaren darüber, ob diese Konstellation wirklich gut gehen würde, dabei dachte sie auch an seine hohe Sensibilität. Gleichzeitig waren sie aber auch vollends mit seinem Bruder beschäftigt, der damals gerade in die Grundschule gekommen war. Zu seinem Bruder wurde die Verbindung über die Jahre schlechter, die am Anfang noch sehr eng war, doch sie hatten sich über die Zeit hinweg voneinander entfernt. Als Nesthäkchen nahm Daniel seine Eltern sehr in Beschlag und durfte wesentlich mehr, als es Christian in seiner frühen Kindheit erlaubt war. Dadurch waren Eifersucht und Neid vorprogrammiert.

Als Christian seinen Rollerführerschein in der Tasche hatte, sicherte er sich ein weiteres, sehr wichtiges Stück Unabhängigkeit. Trotz aller Ängste, die ihm vorgelebt worden waren, sehnte er sich sehr nach Unabhängigkeit, die er auf diese Weise auch bekam. Oma Anni hatte Geld für Christian angespart, und so düste er kurze Zeit später mit einem eigenen, gelben Piaggio-Roller durch die Gegend.

Die Geschichte von Christian ist ein Paradebeispiel dafür, wie eine Kindheit *nicht* ablaufen sollte. Sie hätte konträrer kaum sein können. Zu Hause wurde er behütet, doch er versteckte sich jahrelang vor allem und jedem. Es ging nicht darum, Potenziale zu entdecken und zu entwickeln, es ging darum, möglichst unbeschadet, angepasst und ohne groß aufzufallen durch die Schulzeit zu kommen. Er hatte zwischendurch den Glauben an sich selbst verloren, und es gelang ihm erst später, diesen Glauben wieder mühevoll zu erlernen. Er begann, in einem gnadenlosen Feldzug gegen sich selbst allen zu zeigen, was er wirklich konnte. Doch bei all seinen Versuchen, sich freizustrampeln, brauchte er noch fast zwei Jahrzehnte, sein eigenes *Ich* wirklich zu finden. Dadurch, dass er sich so intensiv um seinen kleinen Bruder kümmerte, ging es ihm noch jahrelang darum, dass es vor allem anderen gut ging.

Hätte er den Rückhalt und die Liebe seiner Familie nicht gehabt, dann hätte er die Schulzeit wohl kaum überstanden.

KAPITEL 5

Wir können alles!

An einem Sonntagnachmittag sitzt Lukas in seinem Kinderzimmer und versucht schon seit einigen Minuten, an einem Spielzeugboot zwei Ruder zu befestigen. Als Papi zu ihm ins Zimmer kommt und sieht, dass es nicht richtig klappen will, fragt er ihn: »Soll ich dir helfen?« Lukas schaut stirnrunzelnd hoch, fängt an zu grinsen und sagt in einem überzeugten Ton: »Papi, ich kann doch alles!«

Wenn wir diesen Satz von unserem Sohn hören, und den hören wir tatsächlich öfter, dann müssen wir uns ernsthaft fragen, warum wir eigentlich im Laufe unseres Lebens den Glauben daran verloren haben, alles zu können. Leider verlieren wir aber nicht nur den *eigenen* Glauben daran! Wir sorgen dann auch noch aktiv dafür, dass unsere Kinder ihren eigenen Glauben an vielen Stellen nicht frei entwickeln können oder Dinge erst gar nicht lernen. Dabei geht es nicht nur darum, einen Papierflieger zu falten oder den Anker beim Plastik-Piratenschiff einzufädeln.

Wir versuchen mit guten Absichten, unseren Kindern an so vielen Stellen wie möglich zu helfen, um ihnen das Leben zu erleichtern oder Negatives von ihnen fernzuhalten. Sie sollen nicht die gleichen negativen Erfahrungen machen, die wir in der Vergangenheit erleben mussten. Dabei ist genau das wichtig, ja sogar essenziell für ihre Entwicklung! Kinder *müssen* lernen, vor allem mit negativen Erfahrungen und Situationen umzugehen. Wenn wir sie dauerhaft behüten und beschützen, werden sie nie selbstbestimmt durchs Leben gehen und sich gegen entgegenkommende Orkane stemmen können. Sie werden sich verstecken und warten, dass jemand anderes nach vorne rennt, oder sie werden den Kopf einziehen, bis der Orkan vorbeigezogen ist, um erst dann wieder aus der Deckung herauszutreten. Ein Psychologe sagte mal zu mir: »Schaffen Sie Ihrem Sohn möglichst viele Probleme, die er selbst lösen muss.« Ein Satz, der erst einmal absurd und weltfremd für mich klang. Es war aber ein Satz, der meinen und am Ende unseren Umgang mit Problemsituationen, in denen Lukas steckt, tatsächlich verändert hat. Früher sind wir sofort aufgesprungen, um dem *armen Kind* zu helfen und ein Tränenmeer zu verhindern, doch heute wägen wir viel mehr ab und warten oft erst auch mal ab. Unseren Erwachsenen-Perfektionismus haben wir bei Lukas zu den Akten gelegt. Mir war früher wichtig, ein bestimmtes Bild zu erhalten, zum Beispiel, dass die Kinderbücher im Regal halbwegs nach Größe sortiert sind, doch mittlerweile habe ich Lukas' ganz eigenes System vollends akzeptiert. Es ist sein Zimmer, seine Ordnung, und er soll sich darin wiederfinden – solang die Zähne des Tyrannosaurus nicht in meinen Füßen stecken bleiben. Auch das Thema Klamotten ist bei Lukas schon länger in den Fokus gerutscht. Und wenn er nun mal diesen einen Lieblingspullover hat, dann wird der eben so oft wie möglich auch angezogen. Wir springen nicht bei jedem Heulanfall auf, weil der Hut des LEGO-Männchens nicht halten will, und *retten* ihn. Wir warten die Situation beobachtend ab. Und oft löst sich diese dann in Wohlgefallen auf, und er ist stolz, dass er es selbst geschafft hat. Klingt nach lächerlichen Beispielen? Aber seien wir doch ehrlich, wie oft haben wir an noch so kleinen Stellen mit unseren Kindern diskutiert, weil *wir* es uns anders vorgestellt haben, weil das Vorgehen gerade nicht in *unser* System passte. Wir beeinflussen an vielen Stellen und müssen uns gleichzeitig aber die Frage gefallen lassen, ob dieses Verhalten sinnvoll ist. Unsere Kinder können viel mehr, als wir ihnen zutrauen! Dabei geht es nicht darum, sie auf der Kante eines Balkons im dritten Stock balancieren zu lassen. Es geht erst einmal um Alltagsdinge, um Kleinigkeiten, bei denen wir geneigt sind, sofort einzugreifen, nur weil es dann für *uns* vielleicht einfacher und schneller geht. Natürlich bedeutet dieses Vorgehen, dass wir als Eltern mehr Energie aufbringen müssen. Wie einfach ist es, Dinge selbst schnell zu erledigen, statt den ersten Wutanfall auszuhalten. Wir haben es auch anders gelernt und vorgelebt bekommen. Unsere Eltern agierten meist nach dem Prinzip der Vorbeugung und des geringsten Widerstands. Und deshalb haben wir heute genügend Menschen in unserem Umfeld, die sich damit schwertun, ganz alltägliche Dinge zu erledigen wie putzen, Wäsche waschen, Überweisungen tätigen oder mit Versicherungen telefonieren. Warum? Weil die Eltern immer alles übernommen haben. Sie mussten als Kind selbst nichts bewältigen, sich wenigen Herausforderungen im Alltag stellen. Dadurch fehlen ihnen Erfolgserlebnisse, das besondere Gefühl, etwas selber geschafft zu haben – doch das bekommt man nur, wenn einem als Kind auch etwas zugetraut wird. Christian und ich wurden früh zur Eigenständigkeit erzogen, nicht weil unsere Eltern einem Erziehungskonzept folgten, sondern weil es zeitlich nicht anders ging. Sie waren in ihren Jobs eingespannt, deshalb mussten wir zu Hause mithelfen. Als Kinder und Jugendliche wussten wir nicht, was dahintersteckte, wenn mal wieder ein Zettel auf der Waschmaschine lag, mit der Anweisung, die Wäsche nach der Schule zu starten. Es war für uns sehr nervig, so eingebunden zu sein und Verantwortung zu tragen. Heute sind wir dankbar darüber, weil uns die Organisation im Haushalt und auch Alltag dadurch leichtfällt, schön war es damals natürlich nicht immer.

Und trotzdem ist auch in uns das Bedürfnis tief verwurzelt, Lukas die Probleme immer wieder vom Hals zu schaffen. Obwohl wir nur allzu genau wissen, dass ihm das in der Zukunft nicht helfen wird. Wir legen uns oft Theorien zurecht, wie wir in bestimmten Situationen mit Lukas umgehen wollen, und müssen in diesem Moment dann doch feststellen, dass wir bei der Lösung des Problems wieder in alte Muster verfallen. Wir müssen täglich an uns selbst arbeiten, um in diesem Strudel nicht mitzuschwimmen. Wichtig ist, wie bei so vielen Dingen im Leben, dass wir über Situationen, die *in den Brunnen gefallen sind* reflektiert nachdenken, und es beim nächsten Mal anders machen.

Unser Sohn soll ein selbstbestimmtes Leben führen können, und wir versuchen, ihm möglichst viele Werkzeuge mitzugeben, die ihm helfen, genau das in der Zukunft auch tun zu können. Man kann noch so viele Ratgeber und Bücher gelesen haben, beim Elterndasein geht es so oft um Intuition, um Bauchgefühl und Ausprobieren. Christian und ich haben die Weisheit nicht mit Löffeln gefressen, und wir begleiten unser Kind nicht automatisch zum Wunderkind-Dasein – um Gottes willen. Wir gehen einfach mit offenen Augen durchs Leben und haben an anderer Stelle gemerkt, dass Kindsein heute nicht mehr das Kindsein von damals bedeutet. Heute werden andere Bedürfnisse und Erfahrungen abgefragt. Wir haben Lukas schon als Kleinkind in unsere Aufgaben im Haushalt integriert. Egal, ob es um das spielerische Anreichen von Klammern beim Aufhängen der Wäsche, das Decken oder Abräumen des Esstischs, Einkaufen oder Füttern unseres Hundes geht …

Auch an das Thema Geld führen wir ihn schon eine ganze Weile kindgerecht heran – wir lassen ihn zum Beispiel im Geschäft bezahlen. Er nimmt bewusst wahr, dass er etwas geben muss, um gleichzeitig etwas zu erhalten. Wenn er uns dann Fragen zu unserer Arbeit stellt, verbinden wir das damit, ihm zu erzählen, dass wir hier auch das Geld erhalten, mit dem wir an der Kasse bezahlen. Es geht uns nicht darum, dass er sofort alles versteht. Wir sind aber davon überzeugt, dass er so mit der Zeit ein Verständnis für dieses System entwickelt.

Wir haben das Gefühl, generell gut aufgestellt zu sein und als Eltern reflektiert zu handeln, allerdings wird uns bei dem Gedanken an in die Zukunft ganz schön mulmig zumute – vor allem, wenn es um den Schuleintritt geht. Ob nun Glucke oder nicht, wir werden Lukas nicht mehr in diesem Ausmaß behüten und beschützen können, das wird in vielen Bereichen ein jähes Ende haben. Dann sitzt dieser kleine Mensch allein an seinem Pult und muss seine eigenen Entscheidungen treffen. Es geht dann nicht mehr darum, ob er in der Bau- oder Puppenecke spielt, im Sandkasten sitzen bleibt oder doch lieber rutschen geht. Auf dem Schulhof, wenn die Diskussionen über Markenklamotten, Handy-Hersteller und Videospiele starten, stehen wir nicht mehr daneben, um mahnend den Finger zu heben. Und natürlich zerreißt es uns das Herz, wenn wir daran denken, dass Lukas auch nur einmal wegen seines Familienmodells, seiner beiden Papas oder auch seines Daseins als Pflegekind in Erklärungsnot geraten wird. Natürlich würden wir uns in so einer Situation direkt vor jeden fahrenden Zug werfen – Hauptsache, er muss sich dieser Auseinandersetzung nicht stellen.

Und gleichzeitig wissen wir nur zu genau, dass auch dieses Vorgehen komplett kontraproduktiv für ihn wäre. Es sind alles Teile seiner Geschichte. Alle Erfahrungen, ob positiv oder negativ, formen ihn zu dem Menschen, der er heute ist. Und er hat schon jetzt ein großes Selbstbewusstsein, ein starkes Auftreten. Die täglichen Diskussionen mit ihm sind oft anstrengend, und doch ist uns bewusst, dass es genau diese Auseinandersetzungen sind, die ihn für seine Zukunft stärken. Wir sind überzeugt, dass er beginnen wird, aus unseren Fußstapfen heraus, seine ganz eigenen Abdrücke zu hinterlassen und ein selbstbestimmtes Leben haben wird.

Bis dahin können wir ihn bei negativen Erlebnissen nur auffangen. Wir können ihm zuhören, mit ihm reden, ihm unsere Sicht der Dinge erklären … Doch umgehen und klarkommen muss er mit den Situationen da draußen erst einmal ganz allein.

Wir sind davon überzeugt, dass es ihm helfen wird, zu sehen, wie wir mit ihm und Problemsituationen umgehen. Denn die Welt ist nicht gerade freundlicher geworden. Auf einen Job oder auf eine Wohnung warten unzählige weitere Bewerber*innen. Niemand wartet auf uns da draußen! Wir müssen selbst dafür sorgen, dass wir wahrgenommen werden. Wir müssen uns mehr denn je durchbeißen und viele Hürden überwinden, wenn wir glücklich sein wollen. Da ist es nur von großem Vorteil, wenn wir schon jetzt nicht einfach jedes Problem unserer Kinder aus dem Weg räumen.

Wir durften vor einiger Zeit Phil kennenlernen, der gemeinsam mit seiner Frau *Empowerland* gegründet hat. Die beiden haben sich die Frage gestellt, was sie verpasst haben, in der Kindheit zu lernen, das einen großen Unterschied in der Art und Weise gemacht hätte, wie sie handeln und auf die Hindernisse reagieren, denen sie im Leben gegenüberstehen. Daraus entstand ein Ferien- und Lernprogramm, das Familien die Werkzeuge an die Hand gibt, die sie benötigen, um die Herausforderungen der Welt von heute selbstbewusster zu meistern. In einwöchigen Abenteuer-Sommercamps wird Kindern ein sicherer Ort angeboten, an dem sie ihre Individualität, ihre Talente und ihre Kreativität frei entfalten können, mit dem Wunsch, dass sie das Gelernte in die reale Welt mitnehmen können.

Ich erzählte meiner Mutter davon, die ganz verwundert war und zuerst nicht viel damit anfangen konnte. »Warum brauchen Kinder das? Bekommen sie das nicht von ihren Elternhäusern mit?«, fragte sie mich. Ich antwortete, dass ich froh gewesen wäre, wenn es dieses Angebot bereits in meiner Kindheit und Jugend gegeben hätte. Es hätte mich vor allem im verbalen Kampf gegen Sätze wie »Aus dir wird nichts!« sehr gestärkt. Auch ich hatte zwar Unterstützung aus meinem Elternhaus erhalten, einen Werkzeug- koffer für solche Situationen hatte ich jedoch nicht, es gab ihn einfach noch nicht. Heutzutage sind Eltern oft mit dem Druck von außen, den Anforderungen an sie und ihre Kinder und mit der Schnelligkeit des Lebens überfordert.

Einer der entscheidendsten Faktoren, mit dem wir früher nicht konfrontiert waren, war die digitale Welt – das Internet, Handys, Social Media. Diese Erfindungen haben für eine Informations- und Kommunikationsexplosion gesorgt. Der Zeitraum, in dem sich heute das Wissen der Menschheit verdoppelt, wird immer kürzer. Man geht davon aus, dass dieser aktuell unter 100 Tagen liegt. 1950 lag der Zeitraum der Verdopplung bei etwa 50 Jahren, 1980 waren es noch etwa sieben Jahre. Früher war es noch recht einfach, Kinder vom Fernseher wegzuhalten, doch heute lernen schon Babys die berühmte Wischbewegung mit dem Finger. Es ist unmöglich, unsere Kinder von all dem fernzuhalten, und gleichzeitig ist es wichtig, dass wir das auch nicht tun, obwohl wir vielleicht den Drang verspüren. Da ist es doch selbstverständlich, dass wir als Eltern ein hohes Potenzial haben, mit unseren Kindern zu stolpern.

Erkenntnisse über Erziehung, den Umgang mit Kindern oder deren Entwicklung überschlagen sich. Studien zu allen möglichen und unmöglichen Verhaltensweisen von Kindern sorgen für ein völliges Durcheinander bei den Eltern. Natürlich stehen auch Christian und ich immer wieder vor diesem Dschungel der Informationen und sind schlichtweg überfordert. Was ist richtig – und was falsch? Früher wurde erzogen, heute begleiten wir – Christian und ich nennen uns übrigens *Reisebegleiter*. Wir dürfen unseren Sohn für einen Moment an die Hand nehmen. So wie wir ihm die Welt zeigen, so zeigt er sie uns. Während wir ihm viel erklären, zeigt er uns, was wir schon lange nicht mehr sehen oder schlichtweg verlernt haben. Während wir durch das Leben hasten, sorgt er für Momente, in denen wir ruhen. Früher sind wir durch Trotzphasen gewandert – heute befinden sich unsere Kinder in Autonomiephasen. Was inzwischen auch ganz anders gehandhabt wird, sind Belohnungen und Bestrafungen. Was früher ganz selbstverständlich zu unserer Kindheit gehörte, wird heute zur bedürfnisorientierten Begleitung. Worte und Sätze wie »Nein«, »Wenn du …, dann …« finden im besten Fall nicht mehr im Sprachgebrauch von Eltern statt. Wir beide versuchen mit Herz und Verstand, Gelerntes mit Neuem zu verbinden. Eigene Entscheidungen stehen im Mittelpunkt der Entwicklung. Wir geben den Rahmen vor, in dem sich unsere Kinder bewegen und selbst entscheiden können.

Hier ein kleines Beispiel, wie wir für Lukas einen Rahmen bauen, als er in ein Alter kam, in dem ihm bewusst wurde, dass der Fernseher mehr war als ein schwarzer Kasten, der an der Wand hängt. Wir hatten es zwar geschafft, den Fernseher nicht anzuschalten, solang er wach war, doch trotzdem kamen wir natürlich irgendwann zu dem Punkt, dass er Kindersendungen anschauen wollte. Zu Beginn waren die Zeiten und der Bedarf noch sehr gering. Doch natürlich forderte er irgendwann immer längere Fernsehzeiten ein. An einem Tag erlaubten wir es ihm, am nächsten verneinten wir. Ein System, das wir selbst irgendwie seltsam empfanden. Wann sagten wir eigentlich Nein und wann war es für uns okay? Lag es am Wetter, an der Uhrzeit, unserer oder seiner Laune? Es war für niemanden, natürlich besonders für Lukas nicht nachvollziehbar, wie wir Entscheidungen trafen. Die Folge waren oft Unverständnis, Frust und Wutanfälle. Uns wurde klar, dass wir etwas ändern mussten. Nach etwas Recherche und Gesprächen mit einem Freund, der Kitaleiter in München war, hatten wir eine Lösung gefunden: unser Edelsteinprinzip. Wir kauften eine Magnettafel mit kleinen Magneten, auf denen die Wochentage standen, die jeweils farbig markiert waren. Zusätzlich klebten wir drei bunte Steine, die wie kleine Edelsteine aussahen, auf Magnetplättchen. Wir erklärten Lukas, dass er nun jeden Sonntag drei Edelsteine bekommen würde, die er innerhalb einer Woche selbst setzen konnte – ein Tag, ein Stein. Doch wir gaben vor, wie lange er fernsehen durfte. Er entschied, an welchem Tag er fernsehen wollte, solang das organisatorisch möglich war.

Jede*r kann sich nun vorstellen, was passierte: In den meisten Wochen verbrauchte er von Sonntag bis Dienstag alle Steine. Allerdings passierte dann an den folgenden Tagen … nichts. Es gab keine Diskussionen, keinen Frust oder Wutausbruch mehr.

Es gab ein System, das ihm einleuchtete, und er konnte selbstbestimmt entscheiden, was er wann tat. Dieses System begleitet uns bis heute. Natürlich gibt es auch mal Ausnahmen wie Krankheit oder langanhaltend schlechtes Wetter. Aber auch diese Ausnahmen akzeptiert er ohne Wenn und Aber. Und mittlerweile haben wir das Edelsteinprinzip ausgeweitet. Wenn er in einer Woche keine Steine mehr hat, kann er sich Steine aus der kommenden Woche ausleihen. Das ist nur mit den Edelsteinen der Folgewoche möglich, diese verliert er dann aber für die folgende Woche. Neben seiner Selbstbestimmung verstärken wir dadurch sein Verständnis fürs Abwägen. Wenn ich heute etwas tue, hat das Konsequenzen. Liegt mir viel daran, muss ich nächste Woche mit meiner Entscheidung umgehen.

Entscheidend ist, dass wir bewusst den Rahmen vorgeben, in dem sich unser Kind frei bewegen kann. Eine weitere Erkenntnis bei all dem ist, dass wir uns heute nicht mehr verrückt machen. Und ja, das war zu Beginn *ganz* anders: Als Lukas als Einjähriger gerade frisch bei uns eingezogen war, machten wir eine große Schiffsreise, die schon lange vor ihm geplant war. Wir waren überglücklich, diese Reise mit ihm gemeinsam anzutreten, und so ging es für 16 Tage aufs Schiff. Natürlich waren die Verlockungen groß, vor allem das alltägliche Abendbuffet war für ihn ein Schlaraffenland. Die ersten Tage vergingen, und es landeten jeden Abend Fischstäbchen und Pommes auf seinem Teller. Als frischgebackener Papa wollte ich es besonders gut machen und sorgte am dritten Tag für einen weitaus bunteren Teller mit Gemüse und anderen gesunden Sachen. Die Quittung folgte auf dem Fuße: Nach einem kritischen Blick begann Lukas das Restaurant mit Opernarien über schlechte Laune zu beglücken. Ich selbst lernte nicht aus der Situation und versuchte es jeden Abend erneut, ihn von diversen Gemüsearten zu überzeugen. Die Arien erfolgten auch an den Folgetagen immer zur selben Uhrzeit, die den anderen Passagieren geboten wurden. Ich war damals einfach noch nicht so weit und war von meinem Perfektionismus und einem *Bessermachen* getrieben.

Unser heutiger Rahmen diesbezüglich sieht komplett anders aus. Wenn wir in den Urlaub fahren, und das Buffet Frittiertes und Ähnliches zu bieten hat, was selbstverständlich auf Lukas' Teller landet, lassen wir ihn. Denn am Ende wissen wir, dass der Speiseplan zu Hause ganz anders aussieht. Er wiederum hat das Gefühl, etwas Besonderes bekommen zu haben, und ist zufrieden. Es gibt viele Situationen, in denen wir uns früher ganz anders verhielten. Wir haben uns aber bewusst dafür entschieden, unsere Einstellung zu ändern. Denn in vielen Momenten ist es gar nicht wert, unseren Erwachsenen-Kopf durchzusetzen. Die Antwort unseres Kindes wird immer Unverständnis und ein Gefühl des Unrechts sein.

Unser Bauchgefühl hat uns in all den Jahren als Papas nicht im Stich gelassen, und wir wissen, dass wir so schon verdammt viel richtig machen. Wir reflektieren unser eigenes Verhalten und den Umgang mit Lukas. Wir stellen uns infrage, sprechen gemeinsam darüber, machen Fehler und beginnen von vorne. Denn eines ist klar! Wir haben als Eltern eine unglaubliche Macht darüber, wie das Leben unserer Kinder sich entwickelt.

Wenn wir ihnen aber vorleben, wie *wir* glücklich sind, dann haben wir ein großes Ziel für sie und ihre Entwicklung geschafft. Dann sind wir die Vorbilder, die sie brauchen und die sie im Leben wirklich weiterbringen. Dann dürfen wir verdammt stolz sein, wenn sie später mal davon sprechen, wie ihre Eltern sie inspiriert haben!

KAPITEL 6

Jetzt erst recht

Für Christian begann nach dem Wechsel auf die Wirtschaftsschule ein neues Leben. Für ihn war es der große Befreiungsschlag, und er konnte alles Schlechte hinter sich lassen und von vorne beginnen. Mit seinen Eltern hatte er im Vorfeld lange über einen Umzug zu seiner Oma gesprochen, die ein Gästezimmer hatte, das sie nur selten nutzte. Eine der Bedingungen seiner Eltern war, dass er sich eigenständig um seine schulischen Leistungen kümmerte. Das bedeutete vor allem, Prioritäten zu setzen und ein eigenes Verständnis für die Notwendigkeit des Lernens zu entwickeln. Seine Oma wäre nicht die richtige Ansprechpartnerin gewesen, ihr war vorrangig wichtig, dass es ihm einfach nur gut ging.

Christian, der sich bisher immer an Absprachen mit seinen Eltern gehalten hatte, enttäuschte sie auch damals nicht. Er ging sehr verantwortungsbewusst mit dem Vertrauen seiner Eltern um und sorgte dafür, dass seine schulischen Leistungen durchweg gut waren. Da er ja im Kern ein sehr kommunikativer, offener und freundlicher Mensch ist, stand er plötzlich durch sein *Freistrampeln* bei Schulkamerad*innen und Freunden im Mittelpunkt. Da er jahrelang darauf bedacht gewesen war, ja nicht aufzufallen, begann er nun, selbstbewusst aufzutreten. Er wollte endlich *sein* Leben beginnen zu leben – so wie *er* es sich vorstellte, ohne Rechtfertigung und ohne Verteidigung.

In seinem Nebenjob als Kellner in einem Restaurant in Albstadt kroch er wie eine Raupe aus seinem Kokon. Die Arbeit mit Menschen machte ihm viel Freude, und er genoss es sehr, die Gäste glücklich zu machen. Sein soziales Umfeld wuchs immer weiter. Aufgrund seiner positiven Art und sehr guten Arbeit wurde er mehrfach mit immer besseren Angeboten von anderen Restaurants umworben. Was heute fast unmöglich wäre, schaffte Christian im Alter von 16 Jahren. Ohne Ausbildung hatte er sich in der gehobenen Gastronomie bis zur stellvertretenden Restaurantleitung hochgearbeitet. Er übernahm die Verantwortung über Dienstpläne, Abrechnungen und bekam erste Führungsaufgaben.

Ein sehr positiver Nebeneffekt dieser Position war, dass er früh einen Bezug zum Geldverdienen und somit auch eine monetäre Unabhängigkeit von zu Hause fand. Er verschwendete einen kurzen Gedanken daran, noch vor Schulabschluss vollständig in die Gastronomie zu gehen. Allerdings meldete sich hier sein Verantwortungsbewusstsein und fand schließlich eine Balance zwischen Schule, Arbeit und sozialen Aktivitäten.

Sein eigentlicher Berufstraum war aber ein ganz anderer! Während die meisten Freund*innen und Schulkamerad*innen eher Kfz-Mechaniker werden oder eine kaufmännische Ausbildung machen wollten, ging Christians Traum schon früh in eine andere Richtung. Er wollte Flugbegleiter werden. Doch bevor er diesen Traum verwirklichen konnte, musste er eine Runde drehen. Denn sein Traum war Außenstehenden egal. Er hatte in ein Muster zu passen, das vor allem auf Vernunft basierte. Viele redeten auf ihn ein, dass er etwas Solides lernen solle. Und so bewarb er sich nach seinem Schulabschluss bei drei Stellen, die im kaufmännischen Bereich angesiedelt waren. Nicht durch sein mittelmäßiges Abschlusszeugnis, sondern durch seine hohe Sozialkompetenz erhielt er von allen drei Firmen nach dem Vorstellungsgespräch eine Zusage für eine Ausbildung. Und obwohl er eigentlich einen ganz anderen Beruf ergreifen wollte, fügte er sich und nahm zähneknirschend eine Stelle als Speditionskaufmann an.

Ganze drei Monate durchlebte er dann die Hölle. Im Unternehmen hatte er als Stift keine Meinung zu haben. Er sollte sich den Ansagen fügen, Kaffee kochen und Speditionsaufträge sortieren. Seine Fähigkeiten und Stärken wurden nicht im Ansatz erkannt, geschweige denn genutzt. Er wurde von Tag zu Tag unglücklicher und kam jeden Tag weinend nach Hause. Das war nicht das, was *er* wollte. Drei Monate später brach er seine Ausbildung ab. Seine Eltern waren nicht begeistert, gingen den Weg aber zähneknirschend mit. Sie sahen selbst, dass die Ausbildung nicht zu ihrem Sohn passte und er unglücklich war.

Wie es der Zufall so wollte, war eine Freundin seiner Eltern Flugbegleiterin. Ihr Besuch war für Christian jedes Mal ein absolutes Highlight. Er liebte ihre Geschichten über ferne Länder und die Erlebnisse an Bord. Reisen zu entfernten Orten standen damals nicht auf der Tagesordnung. Der Gedanke an die große weite Welt zog ihn magisch an.

Und so entstand der Berufswunsch, Flugbegleiter zu werden, der sich in den folgenden Jahren manifestierte. Andere Kinder machten Ausflüge in Museen oder Zoos, Christian wollte immer zum nächstgelegenen Flughafen und Flugzeuge auf dem Rollfeld beobachten. Immer, wenn er mit Freund*innen auf ein Konzert oder zum Shoppen nach Frankfurt fuhr, mussten sie auf der Rückfahrt am Frankfurter Flughafen eine Pause einlegen. Vor allem mochte er die Abflug- und Ankunftshalle, weil er dort die Crews beobachten konnte, die zur damaligen Zeit vor und nach den Flügen durch diese Hallen liefen. Er bewunderte ihre Uniformen, sie strahlten Eleganz und Wichtigkeit aus. Er liebte es, darüber zu spekulieren, woher sie kamen oder wohin sie flogen.

Doch als Christian entschied, seinen Traum wahr werden zu lassen, war es nicht so einfach, an Informationen heranzukommen. Internetportale mit Stellenausschreibungen gab es noch nicht, deshalb bestellte er sich nach seinem Ausbildungsabbruch von allen Fluggesellschaften aus dem deutschsprachigen Raum Informationsmaterial. Ein großes Hindernis war damals allerdings sein Alter. Bei den meisten Fluggesellschaften musste man 21 Jahre alt sein. Und so konnte er sich nur auf eine Stelle bei einer kleinen regionalen und einer großen deutschen Airline bewerben. Er setzte auf die große Airline. Nach einem Telefoninterview wartete er ungeduldig auf eine positive Nachricht und die Einladung zum Bewerbungsgespräch. Und dieser Tag kam. Er zog einen Briefumschlag mit der Einladung zum Assessment-Center nach Frankfurt aus dem Briefkasten. Im Betreff standen die Zeilen: »Passen Sie zu uns? Passen wir zu Ihnen? Beiliegend ein Flugticket für die Strecke Stuttgart – Frankfurt.« Christian konnte es kaum glauben, er war seinem Traum urplötzlich ein ganzes Stückchen nähergekommen.

Einige Zeit später befand er sich mit einer Unmenge an Mitbewerber*innen – die Männer in Anzügen, die Frauen in Kostüm mit Hochsteckfrisur – im Hauptsitz des Unternehmens in Frankfurt und durchlief einen aufwendigen Bewerbungsprozess. Noch nicht ganz volljährig, mit Realschulabschluss und ein paar Arbeitszeugnissen aus der Gastronomie hielt er eine Präsentation, machte einen Computertest, führte ein psychologisches Eignungsgespräch, nahm an einer Gruppenarbeit und an einem Rollenspiel teil – und das alles auf Deutsch und Englisch. Ihm war bewusst, dass die Durchfallquote bei diesen Tests sehr hoch und die Jobs sehr beliebt waren. Und doch flog er mit einem sehr guten Gefühl nach Hause.

Er wusste, dass ein kleiner Briefumschlag eine Zusage bedeutete. In einem großen Umschlag würde die Absage, gemeinsam mit seinen ursprünglichen Bewerbungsunterlagen stecken. Einige Tage später kam ... ein großer Umschlag. Enttäuscht nahm er die Möglichkeit wahr, Feedback zu erhalten: Er wirkte noch zu jung und sein Englisch reichte nicht aus. Seine Enttäuschung hielt tagelang an, und es flossen viele Tränen. Aber Christian wäre nicht Christian, wenn er nicht angefangen hätte, den Berg, der in seinem Weg stand, schnell zu besteigen. Großtante Resi, die sehr wohlhabend war, ermöglichte ihm einen Sprachaustausch in Amerika. Sie flogen gemeinsam zur entfernten Verwandtschaft, damit er dort sechs Monate lang im Alltag die Sprache besser lernen konnte.

Kurz vor seinem Abflug aus Deutschland bewarb er sich doch noch bei der anderen Airline – ohne es jemandem zu erzählen, aus Angst über eine weitere Absage sprechen zu müssen. Doch auf eine Antwort musste er diesmal etwas länger warten.

Auf dem Hinflug nach Amerika unterhielt er sich lange mit den Flugbegleiter*innen, die Gespräche verstärkten seinen Berufswunsch nur noch mehr. Im großen Flieger fühlte er sich pudelwohl, und er stellte sich die ganze Zeit vor, wie er sich um die Passagiere kümmern würde. In Amerika angekommen, machte es ihm der Familienanschluss leicht, sich schnell zurechtzufinden. Seine Sprachkenntnisse wuchsen täglich.

Drei Monate gingen ins Land, als er ein folgenreiches Telefonat mit seiner Mutter führte. Diese erzählte ihm, sehr überrascht, dass eine Einladung einer Airline zum Vorstellunggespräch in zwei

Wochen gekommen sei. Und plötzlich stand Christian vor der Entscheidung, seinen Auslandsaufenthalt zu beenden und alles auf eine Karte zu setzen oder zu bleiben und weiter die Sprache zu lernen. Seine Tante, die mit ihm in Amerika geblieben war, war mindestens ebenso überrascht, stand aber hinter Christian und wollte jede Entscheidung von ihm mitgehen. Und so wundert es nun niemanden, dass er All-in ging und mit ihr zurück nach Deutschland flog.

Drei Tage später saß er im Auto nach Augsburg, um zum Bewerbungsgespräch anzutreten. Der Tag verlief ähnlich wie beim letzten Bewerbungsprozess, und so wartete er anschließend wieder sehnsüchtig auf Post – und einen kleinen Umschlag. Der diesmal zwei Tage später auch kam.

Bei aller Freude über die Zusage, fuhren seine Gefühle Achterbahn. Sein großer Traum war es, die Welt zu bereisen. Er wollte fremde Städte und Kulturen kennenlernen, Ziele wie New York, San Francisco oder L.A. anfliegen. Da war die Aussicht auf Paderborn oder Dortmund mit Propellermaschinen ab Augsburg nicht gerade sehr verlockend. Es war ein bisschen so, als würde ein ausgebildeter Kfz-Mechatroniker künftig nur Oldtimer reparieren müssen. Trotzdem war er sich sicher, diesen Schritt zu gehen. Er wollte den Fuß in der Tür haben, Erfahrungen sammeln, um sich dann später erneut bei der großen Airline zu bewerben.

Vier Wochen später saß Christian im Nebenraum eines Restaurants am Augsburger Flughafen, allerdings war er nicht zum Essen, sondern zur Ausbildung eingeladen. Fernab von einem professionellen Trainingszentrum saß er zwischen alten, wackeligen Holzstühlen an rustikalen, verschmierten Eichentischen. Es roch nach Rauch und altem Bratenfett, und er lernte alles über Notfallverfahren, Kommunikationstools und Weinkunde. Seine angehender Flugbegleiterlehrgang bestand aus elf Frauen und ihm. Als dritter Mann überhaupt bei der Airline stand er ab Tag eins im Mittelpunkt. In den Pausen wollten alle mit ihm sprechen, den vermeintlichen *Sonderling* nach seinen Beweggründen fragen und ihn für sich gewinnen. Im örtlichen Schwimmbad, beim Trainieren von Notwasserungen, bekam er eine Einzelkabine, bei der Anprobe der Uniform überforderte er die Schneider*innen, da männliche Dienstbekleidung für diese Airline nicht an der Tagesordnung war. Abends ging es für alle nicht ins Hotel, wie man sich das vielleicht vorstellen würde, sondern in ein angemietetes Zimmer in einem Schwesternwohnheim eines Krankenhauses.

Die äußeren Umstände waren widrig, umso spannender waren hingehen die Lerninhalte. Sein absolutes Highlight waren die regelmäßigen Flugzeugbegehungen in der Flugzeugwerft in Augsburg, wo die Auszubildenden die Flieger genauer kennenlernen konnten. Hier wurden Ansagen geübt, die Küche ausprobiert und Notfenster aus- und eingebaut. Jeder kannte jeden, und es wuchs eine Gemeinschaft zusammen, die sich fast wie eine Familie anfühlte.

Für Christian war es das erste Mal, dass er so lange von daheim weg war, er telefonierte jeden Abend in einer nahegelegenen Telefonzelle mit seinen Eltern. Er war stolz auf sich, vermisste aber auch die familiäre Umgebung sehr. Sechs Wochen später hielt er zum ersten Mal seine eigene Uniform in den Händen. Selten in seinem Leben war er stolzer. Er stand in seinem Zimmer im Schwesternwohnheim, trug Hose, Hemd, Weste und Jacke und stand mit Tränen in den Augen vor dem Spiegel. Die Uniform war ganz in Blau gehalten und an beiden Ärmeln war jeweils ein goldener Streifen eingenäht. An diesem Abend schoss er, immer noch vor dem Spiegel stehend, unzählige Fotos von sich.

Als er den theoretischen Teil mit Bravour bestanden hatte, ging es für Christian wenig später zum ersten Mal in die Luft. An seiner Seite ein erfahrener Flugbegleiter, der für ihn zuständig war. Und jetzt folgte die *Alles-zum-ersten-Mal-Phase*: zum ersten Mal Passagiere an Bord begrüßen, zum ersten Mal eine Ansage machen, zum ersten Mal Essen und Getränke verteilen. Über den Wolken verspürte Christian Zufriedenheit, Glück und unbändigen Stolz. Und doch, spätestens, wenn er mit der Propellermaschine in Frankfurt landete, merkte er, dass es ein Traum mit Einschränkungen war. Wenn er mit seiner Maschine auf dem Vorfeld vorbei an den Jumbos und Airbussen rollte, fühlte er sich klein. Es hatte einfach wenig Flair.

Drei Monate später hatte er seine Ausbildung abgeschlossen und wurde direkt nach München versetzt, wo auch einige Maschinen der Airline stationiert waren. Die Räume, in denen die Briefings für die Crews stattfanden, waren im Verwaltungsgebäude einer größeren Airline untergebracht. Das ermöglichte Christian, in der Kantine den Gesprächen zu lauschen, in denen es um Ziele wie Chicago oder São Paulo ging – während er sich auf seinen Flug nach Bayreuth vorbereitete.

Mit der Versetzung zog er auch in seine erste eigene Wohnung in der Nähe von München. Die Dachgeschosswohnung war teilmöbliert und hatte ein Zimmer mit Küche und Bad. Christian fühlte sich zu Beginn oft allein, denn außer seinem Fliegerkolleg*innen kannte er niemanden. Allerdings gelang es ihm, immer mehr Kontakte zu Flugbegleiter*innen zu knüpfen, die interkontinental flogen. Sein Drang wurde immer größer, es erneut bei der großen Airline zu versuchen. Ein Jahr nachdem er bei der regionalen Airline begonnen hatte, startete er also erneut in das Bewerbungsprozedere – Telefoninterview und Assessment-Center in Frankfurt. Der Prozess war zwar noch immer derselbe, doch Christian hatte sich verändert. Er war älter und reifer geworden und hatte Erfahrungen im Flieger gesammelt. Mit einer großen Portion Mut und Selbstbewusstsein trat er vor die Prüfenden und durchlief den Prozess ohne weitere Auffälligkeiten, um dann mit einer unbändigen Ungeduld auf das Ergebnis zu warten. Als er schließlich einen kleinen Brief öffnete, stand dort in dicken Lettern: »Passen wir zu Ihnen, passen Sie zu uns? Diese Frage können wir nun mit Ja beantworten – Herzlichen Glückwunsch!«

Sein Traum in großen Flugzeugen zu arbeiten, in Länder zu fliegen, die als Schaustellerkind unerreichbar schienen, mit der eigenen Crew durch den Flughafen zu gehen und von anderen Menschen bewundert zu werden … war ganz plötzlich kein Traum mehr! Er hatte erreicht, was er sich seit der Kindheit wünschte: In der Abflughalle die unzähligen Ziele auf der Anzeigetafel lesen, das Rattern der Buchstaben, wenn sie sich verändern, und die Ansagen zu hören, wenn die Interkontinentalflüge aufgerufen wurden, und daran zu denken, selbst als Flugbegleiter jetzt im Flieger zu stehen. Plötzlich wurde all das greifbar und real.

Nach seiner Kündigung bei seinem bisherigen Arbeitgeber begann kurze Zeit darauf seine Ausbildung bei der großen Airline, und alles war anders. Das Schwesternwohnheim wich einem schicken Hotel, das Restaurant war ein professionelles Ausbildungszentrum mit hochmodernen Schulungsräumen und eigenen Flugzeugattrappen direkt am Frankfurter Flughafen. Der ganze Trainingskomplex war so groß, der einer kleinen Stadt glich. Diesmal saßen auch keine zwölf angehenden Flugbegleiter*innen im Raum, sondern 22, mit unzähligen parallelen Lehrgängen.

Als er zum ersten Mal aus dem Shuttlebus vom Hotel ins Trainingszentrum trat, hatte er einen leichten Kerosingeruch in der Nase und Tränen stiegen ihm in die Augen. Unaufhaltsam realisierte er, dass all die Vorstellungen, die Wünsche, die Hoffnung und das Warten der letzten Jahre endlich zu einem positiven Ergebnis geführt hatten und gleichzeitig zu einem Anfang, der für ihn die Welt bedeuteten. So surreal für ihn die Situation war, so stolz war er auf sich. Er hatte großen Respekt davor, was kommen würde, aber er hatte es geschafft – vor ihm lag die ganze Welt.

Die erneute Ausbildung war für ihn keine weitere Hürde, auch die schloss er mit sehr guter Bewertung ab. Kurz darauf folgte sein allererster Langstreckenflug als Flugbegleiter: nach New York. Sosehr er sich freute – sein Herz rutschte ihm bei der Vorstellung des bevorstehenden Flugs in die Hose, denn dieses Flugzeug hatte unvorstellbare Dimensionen – im Gegensatz zu den kleinen Provinzpropellern, in denen er bis dahin gearbeitet hatte. Die Menge an einsteigenden Passagieren schien beim Boarding nicht aufhören zu wollen. Die kommenden Tage bewegte er sich wie in Trance. Die Erfahrungen während der Reise hatten mit den bisherigen Erlebnissen wenig zu tun. Die Dimensionen waren nicht annähernd vergleichbar. New York, eine Stadt, von der alle träumten, mit dem Unterschied – Christian stand plötzlich mittendrin. Kaum wieder in Deutschland gelandet, wollte er eigentlich schon wieder weg. Im Anschluss erhielt er eine großartige Bewertung vom diensthabenden Kabinenchef.

Nach einem langen Weg des Stolperns war Christian angekommen. Er war viele Umwege gegangen, hatte aber seinen Traum, seine Vision nie aus den Augen verloren. Nicht seine schulischen Leistungen waren ausschlaggebend für seine beruflichen Erfolge. Er begrub seinen Traum nicht, nur weil seine Noten nicht gut waren. Er überzeugte vor allem mit Sozialkompetenz und

Empathie. Dabei waren vor allem seine Familie und ihr Glaube an ihn sein wichtigstes Fundament. Auch wenn sie es selbst vielleicht nicht so gemacht hätten, haben sie ihn und seinen Weg immer respektiert. Tief in ihren Herzen wussten sie, zu was er wirklich fähig war. Andere Widerstände hielt er aus, Niederlagen sah er als Herausforderung an und wuchs an ihnen. Sie waren am Ende immer der Grund, noch mehr Gas zu geben. Er ließ nicht mehr an sich heran, wie sehr andere ihn und seinen Traum belächelten, er ging einen Schritt nach dem anderen und kam am Ende ans Ziel!

Ich kann auch ein Lied davon singen, dass zu diesem Ziel bekanntlich einige Wege führen. Ich habe viele von ihnen ausprobiert. Nach meinem Schulabbruch stand erst einmal der Zivildienst auf dem Plan. Damals Pflicht und 13 Monate lang, wollte ich auch hier meine Lebenszeit nicht verplempern. Ich wollte nicht irgendetwas machen, nur um eben die Pflicht abzuleisten. Es sollte für mich Sinn ergeben, deshalb wollte ich diese Zeit bestmöglich nutzen. Ich wollte etwas lernen, mich weiterentwickeln und wachsen. Und so machte ich nach meinem Schulabbruch eine Ausbildung zum Sanitäter und fing anschließend im Rettungsdienst an.

Allein über das ausbildungsbedingte Praktikum im Krankenhaus könnte ich ein Kapitel schreiben. Während andere ihre Zivildienstzeit absaßen und sich Jobs mit möglichst wenig Aufwand ausgesucht hatten, stand ich plötzlich in der Herzchirurgie des Klinikums und durfte Bypass-Operationen begleiten. Ein Einblick, für den ich sehr dankbar bin. Diese Erfahrung hat mich geerdet und lässt mich heute viele Dinge, die ich tue, nicht zu wichtig nehmen. Zu meinen Mitarbeiter*innen sage ich bis heute oft: »Wir operieren nicht am offenen Herzen.« Ich habe durch diese Ausbildung eine komplett andere Einstellung zu Pflege- und Arztberufen, zu Krankenhäusern, deren Abläufen, aber auch zu Krankheiten selbst. Jahre später war ich in meinem Ausbildungsbetrieb einer der wenigen, die guten Gewissens zu Operationen geschickt wurden, um sie in voller Länge zu filmen. Die kommenden Monate waren ein wichtiger Stein in meiner Entwicklung. Ich hatte mit so vielen, unterschiedlichen Menschen Kontakt, mit so viel Charakteren und Bedürfnissen, aber auch Schmerz und Trauer. Wenn man als 19-Jähriger gefühlte Ewigkeiten Wiederbelebungsmaßnahmen an betrunkenen Gleichaltrigen durchführt, die selbstverschuldet ihr Auto in den Gegenverkehr gelenkt hatten, und anschließend die Leichen abdeckt, dann geht das an niemandem spurlos vorbei. Aber auch der Umgang mit älteren Menschen, die wir hilflos in ihrem Zuhause auffanden, die allein waren und Angst hatten, haben mich nachhaltig sehr bewegt. Schon damals wurde mir mulmig, wenn ich an das eigene Altern dachte. Ich sah mit Schrecken die Unterschiede zwischen gehobenen Altersheimen und denen mit Standardleistungen. Es gab damals kein präventives oder nachsorgendes System, das mich als Mitarbeiter psychologisch auffing. Die Gespräche mit Kolleg*innen oder meinen Eltern nach besonders schweren Erfahrungen waren die einzige Hilfe, die ich damals bekam. Ich war sehr oft auf mich selbst angewiesen und musste mit den Situationen irgendwie klarkommen.

Neben diesen Kriegsschauplätzen gab es aber auch viele tolle Momente, die mich prägten. Ich war stolz, Menschen in Not eine Stütze zu sein, auch wenn es oft nur ein Gespräch war, und wir unverrichteter Dinge wieder abzogen. Auch Kindern konnte ich ein bisschen ihre Angst nehmen. Und natürlich war ich auch stolz, wie alle Gleichaltrigen auf der Wache, einen Rettungswagen lenken zu dürfen. Wer konnte schon behaupten, mit Blaulicht auf der linken Spur von Fulda nach Köln, wegen einer Notfallverlegung, gefahren zu sein. Der Zivildienst war ein Abenteuer mit unglaublichem Tiefgang. Noch heute denke ich gerne an diese Zeit zurück, und nicht nur einmal hatte ich in den letzten Jahren den Gedanken, ob eine Rückkehr in den Rettungsdienst vielleicht auch eine Möglichkeit für mich wäre.

Vor meinem Coming-out hatte ich Beziehungen mit Frauen. Da meine damalige und letzte Freundin einen Auslandsaufenthalt plante, trennten sich unsere Wege. Zu sehr litt ich unter dem Trennungsgedanken, während sie sich auf ihre Zukunft freute. Die Trennung schnürte mir allerdings die Luft ab. Ich hatte immer mehr das Gefühl, dass ich raus musste, raus aus meinem gewohnten Umfeld und den Orten, die ich mit ihr verband. Und so fing ich an, nach Jobs im Ausland zu suchen. Ich wollte eine begrenzte Zeit lang in einem fremden Land arbeiten, Kulturen und Menschen entdecken, mich aber vor allem ablenken.

1999 setze ich mich also in den Flieger, zum ersten Mal in meinem 20-jährigen Leben, um ein gutes Jahr im Walt Disney World Resort Florida als Cultural Representativ zu arbeiten. Ich hatte mir bei der zentralen Arbeitsvermittlung in Frankfurt Informationsmaterial für Arbeitsstellen im Ausland bestellt und dabei den Job bei Disney als die wertvollste Möglichkeit erachtet. Ich liebte alles, was mit Disney zu tun hatte. Die Vorstellung, selber Teil dieses berühmten Unternehmens zu werden, war unglaublich. Ich ging davon aus, dass die Arbeit in einem solch großen Medien- und Unterhaltungskonzern für meine folgenden Bewerbungen sicherlich gut war

Nach einem langen Bewerbungsprozess mit sehr mittelmäßigem Schulenglisch bekam ich tatsächlich die Zusage. Da saß ich also zum ersten Mal in einem riesigen Flieger, schaute aus dem Fenster und sah meine Mutter auf der Besucherterrasse des Frankfurter Flughafens mit einer Jacke winken. Das war der einzige Moment, in dem ich für einen Bruchteil einer Sekunde darüber nachdachte, ob ich hier wirklich das Richtige tat – es standen Tränen in meinen Augen.

Die nächsten 13 Monate bei Disney waren beruflich gesehen die prägendste Zeit meines Lebens, bis heute. Mein Zuhause war eine künstlich erschaffene Parkanlage mit neu gebauten Häusern und Apartments. Diese teilten wir uns immer mit vier bis sechs Mitarbeiter*innen, immer zusammengewürfelt aus unterschiedlichen Nationen. Mit dem Shuttlebus ging es dann morgens zur sogenannten *Wardrobe*, dem Komplex, in dem sich alle Mitarbeiter*innen des Epcot-Centers, in dem ich arbeiten durfte, umzogen. Die Parkbesucher*innen konnten im Epcot-Center an einem Tag einmal um die Welt reisen. In elf um einen See angesiedelten Ländern konnten sie das Essen des entsprechenden Landes genießen, die Architektur bewundern und mit Einheimischen, zum Beispiel mir, in Kontakt kommen. Und so sah man in der *Wardrobe* unter anderem Japaner*innen ihren Kimono anziehen, Norweger*innen die Nationaltracht, Kanadier*innen ihre Holzfällerhemden und Deutsche natürlich Dirndl und Lederhose. Ich arbeitete im deutschen Bereich im Biergarten, dem größten Restaurant des Parks, bestehend aus einer Halle, die komplett abgedunkelt aufgebaut war, in der Mitte ein Marktplatz auf dem alle 15 Minuten eine Blaskapelle spielte, umrundet von Bierbänken und -tischen, im Hintergrund Fachwerkhäuser und das Buffet mit Sauerkraut und Würstchen. Zu Beginn füllte ich das Buffet auf und half den Keller*innen, die Tische zu leeren. Sehr vom Ehrgeiz angetrieben, arbeitete ich nach einiger Zeit als

Floormanager und kümmerte mich um die gleichzeitige Belegung der Biertische. Ich verinnerlichte zu 100 Prozent die Firmenphilosophie, deren Werte, den Willen zur Dienstleistung und die uneingeschränkte Bereitwilligkeit, alle privaten Themen zu Hause zu lassen, solange ich *On Stage* war. Dass ich mich dort auch outete, macht die Verbindung zu dieser Zeit natürlich noch einmal stärker. Die Zeit verging wie im Fluge. Doch irgendwann kam der Moment der Rückkehr nach Deutschland. Mir wurde zwar mittlerweile ein Job auf der damals neuen Disney Cruise Line, einem großen Kreuzfahrtschiff, angeboten, aber diesmal waren meine Vernunft und der Blick auf das deutsche Arbeitssystem stärker. Mit einem Schulabbruch im Rücken war mir klar, dass ich jetzt in Deutschland die Kurve bekommen musste, sonst war ich in meinem Heimatland einfach nichts wert. Ebenso wäre ein vielleicht jahrelanges Tingeln auf hoher See, ohne Ausbildung, nicht gerade die perfekte Voraussetzung für eine steile Fernsehkarriere gewesen – und die hatte ich definitiv nicht aus den Augen verloren! Die letzte Woche in Amerika verbrachte ich in Las Vegas quasi auf dem Klo. Mein ganzer Körper rebellierte mit allen Mitteln gegen meine Rückkehr, und ich hatte mit einer fiesen Magen-Darm-Verstimmung zu tun. Am Ende gewann doch mein Hirn, und so saß ich ein Jahr später wieder im Flieger zurück in die Heimat, im Gepäck diese wunderbaren Erfahrungen, die mir keiner nehmen konnte.

In Deutschland nahm ich sofort die Suche nach einer passenden Ausbildungsstelle in Angriff. Ich wusste, dass mich der Bereich Aufnahmeleitung sehr interessierte, weshalb ich mich bei den Öffentlich-Rechtlichen für ein Volontariat bewarb. In allen folgenden Bewerbungsgesprächen wurde darauf hingewiesen, dass ich für den Job als Aufnahmeleiter eine kaufmännische Ausbildung brauchte – etwas, das ich später sehr infrage stellte, damals wurde das aber anscheinend als notwendig angesehen. Es blieb mir also nichts anders übrig, als wieder zurück auf Los zu gehen und nach einer entsprechenden Ausbildung zu suchen. Irgendwie musste es doch einen Weg geben, zu meinem Ziel, dem Fernsehjob, zu kommen.

In einer Frankfurter Veranstaltungsagentur fand ich ein paar Wochen später einen Ausbildungsplatz zum Bürokaufmann. Das klang zwar weit entfernt von der Fernsehwelt, aber wenn es eine Voraussetzung dafür war, dann war es eben so – Arschbacken zusammenkneifen und durch! Ich verlor nie das Ziel aus den Augen und quälte ich mich acht Monate lang. Ich nahm hin, dass ich jeden Morgen um 5 Uhr aufstehen musste, um gegen 8 Uhr in Frankfurt zu sein. Ich nahm hin, dass mein Chef Kettenraucher war und ich abends wie alle Frankfurter Kneipen zusammen roch. Und ich nahm hin, dass ich mich im Büro um Datenbanken und Abrechnungen kümmerte. Das Fass zum Überlaufen brachte aber erneut der schulische Teil der Ausbildung. In den ersten Monaten Berufsschule riss ich mich zusammen, aber irgendwann platze es dann aus mir heraus. Ich konnte Dreisatz und Aufsätze verfassen, ich konnte mit zehn Fingern am Computer schreiben und verstand, was ein Binärcode war. Aber was zum Teufel sollte all das mit Fernsehen zu tun haben oder mich auch nur ansatzweise ein Stück näher an meinem bereits jahrelang andauernden Traum bringen? Also saß ich wieder bei meiner Mutter, um ihr zu erklären, dass ich nicht glücklich war. Dass ich nicht im Ansatz sah, wohin mich all das bringen sollte. Und ich hörte in meinem Kopf wieder die Worte meines Klassenlehrers: »Aus ihrem Sohn wird nichts!« Auch diesmal reagierte meine Mutter unglaublich offen. Ich hätte meinen Stiefel auch durchgezogen, selbst, wenn sie mich nicht unterstützt hätte. Doch so war es für mich wesentlich leichter.

Es kam also der Tag, an dem ich in Frankfurt meine Kündigung einreichte. Ich war mit wehenden Fahnen zu Firma gefahren, bereit, jedem Sturm, jedem Gegenwind mit Argumenten entgegenzutreten und gegebenenfalls zu widerlegen. Doch interessanterweise saß mein damaliger Chef vor mir, nickte und verstand. Nach meinen Ausführungen sah er mich an: »Bjoern, wenn das nicht dein Weg ist, dann hoffe ich, dass du den für dich richtigen findest«, sagte er. Von außen betrachtet könnte man nun trotzdem denken, dass ich schon wieder gescheitert war, dass das *Kind* zum Problemfall und am Ende ohne irgendwas dastehen wird. Ich betrachte es allerdings nicht als Scheitern. Für mich fühlte sich diese Ausbildung eher an wie eine Sackgasse im Netz der Wanderwege zum Ziel. Also musste ich, mit der Ausdauer eines Duracell-Hasen, eben einen anderen Weg zum Gipfel finden. Die Wichtigkeit war mir sehr bewusst – es ging um nichts weniger als um meine berufliche Zukunft. Den Job, den ich antrat, würde ich ein Leben lang machen, so zumindest meine damalige, leicht naive Denkweise.

Beruflich stand ich also wieder bei null, deshalb hatte ich in Fulda einige Male als helfende Hand bei der einzigen ortsansässigen Film- und Fernsehproduktion gearbeitet. Diese hatten tatsächlich einen Ausbildungszweig, den ich total interessant fand – eine Ausbildung zum Mediengestalter für Bild und Ton. Zum ersten Mal kam das Gefühl auf, inhaltlich etwas gefunden zu haben, dass mich wirklich interessierte, worin ich ein Fundament und eine Zukunft sah. Das Problem war nur: Durch die zeitlichen Überschneidungen der beiden vorhandenen Ausbildungsplätze waren bereits beide belegt. Doch ich ließ mich davon nicht aus der Ruhe bringen und suchte das Gespräch mit der Geschäftsführung. Und siehe da: Sie boten mir ein einjähriges Praktikum an, damit ich anschließend die Ausbildung bei ihnen absolvieren konnte.

Ich spürte, dass das der Moment war, auf den ich so lange gewartet hatte. Ich fühlte mich in der Firma wohl und wusste, dass mir hier die Chance eröffnet wurde, bedingt auch durch die Firmengröße, alle Bereiche der Produktion kennenzulernen. Und so fing ich mit Elan mein Jahrespraktikum an. Und wurde nicht enttäuscht: Zu dieser Zeit beinhaltete das Praktikum wirklich alles. Von Hofkehren bis zu Interviews in der Autofabrik, von Schneeschaufeln bis zum Drehen von Sonnenuntergängen an der Côte d'Azur war wirklich alles dabei. Das Jahr verging wie im Flug.

2001 war es dann so weit, ich wurde Auszubildender zum Mediengestalter Bild und Ton. Mit gemischten Gefühlen fuhr ich zu meinem ersten Berufsschulblock wieder nach Frankfurt – mit angehaltenem Atem. Was, wenn die wieder nur mit Dingen kamen, die mich nicht weiterbrachten? Was, wenn ich hier wieder nicht reinpasse? Ich hatte regelrechte Angst davor, dass es sich wieder so entwickeln würde, wie ich es bereits erlebt hatte. Aber siehe da … Es passierte nicht.

Ich fand alles und jeden Tag spannend. Ich liebte die Lehrinhalte, mochte meine Mitstreiter*innen und Lehrer*innen. Und plötzlich saß ich morgens um 6 Uhr pfeifend und mit einem Grinsen auf dem Gesicht im Regionalexpress nach Frankfurt. Ich hatte den ersten Schritt in Richtung Fernsehwelt geschafft und durfte endlich über Sendungsinhalte, Bildaufbau und Tonaufnahmen sprechen. Zweieinhalb Jahre später schloss ich meine Ausbildung als Hessens Bester ab.

In der Zeit bei Disney hatte ich mich als schwul geoutet, und während meiner Ausbildung steckte ich in meiner zweiten

Beziehung mit einem Mann. Er bewarb sich damals deutschland-
weit für ein Studium zum Musicaldarsteller, und mir war klar,
dass die Stadt, in die er gehen würde, auch meine Heimat werden
würde. Schnell ergab sich, dass diese München heißen sollte, worü-
ber ich sehr froh war. Meine Mutter musste damals allerdings kurz
schlucken. München kannte sie bis dahin vor allem als teuerstes
Pflaster Deutschlands, und sie wusste nicht, wie sie mich unterstützen sollte. Nach dem Abschluss der Ausbildung packte ich also
mit meinem damaligen Freund einen Transporter bis unters Dach
voll, und wir begannen ein neues Leben, ganz auf uns gestellt, in
der großen Stadt. Ich hatte zwar ein paar Wochen davor schon
einige Bewerbungen verschickt, doch mir war klar, dass ich vor
Ort sein musste, um wirklich einen Überblick zu erhalten. Auch
die Arbeitsvermittlung in München war wieder eine meiner ersten Anlaufstellen, erneut mit mäßigem Output. Ich tingelte von
Produktionsfirma zu Produktionsfirma und fragte, ob sie einen
willigen Mediengestalter suchten.

Nach all den Kämpfen um den richtigen Weg, den Abbrüchen
und Aussagen anderer, war ich einige Wochen später zur richtigen
Zeit am richtigen Ort. Eine Produktionsfirma, die damals für die
meisten großen Spielshows im deutschen Fernsehen verantwortlich war, suchte Unterstützung in der Entwicklungsabteilung.
Wenn auch das Redakteursleben nicht unbedingt die logische
Konsequenz meiner Ausbildung war, nahm ich den Job natürlich
mit Freude an. Normalerweise arbeiten Mediengestalter*innen im
Schnitt, als Kameraassistent*innen oder Tonmischer*innen.

Ich arbeitete mich aber in kürzester Zeit innerhalb des Unternehmens hoch und bekam eine Stelle als leitender Redakteur der
Spieleabteilung für eine Show einer öffentlich-rechtlichen Sende-
anstalt. Ich werde nie den Telefonanruf bei meiner Mutter ver-

gessen, bei dem ich kopfschüttelnd darüber sprach, was gerade meine Aufgabe war. Für die Sendung war ich auf der Suche nach Aufgaben, die man als Prominente*r lernen und im Studio vorführen musste. Und so saß ich tagelang in Baggern und übte zu fahren, galoppierte auf dem Rücken von Pferden oder versuchte in der Olympiaschwimmhalle die Eskimorolle mit dem Kajak. Mein damals wohl lustigster Spruch am Telefonat war wohl: »Mama, die zahlen mir auch noch Geld dafür.«

Ich war in der vermeintlichen Glitzer- und Glamourwelt des Fernsehens angekommen. Niemand, außer vielleicht meiner Mutter, hatte mein Potenzial gesehen! Niemand war auf die Idee gekommen, dass für mich vielleicht ein anderer Weg der bessere war. Alle Pädagog*innen und sogenannten Fachkräfte waren an mir gescheitert und hatten mich aufgegeben. Was hätte denn der Spruch »Aus Ihrem Sohn wird nichts!« bewirken sollen? Meinte mein damaliger Lehrer, mich dadurch vielleicht mehr anzuspornen? Nur weil ich zum Fernsehen wollte, hieß es nicht, dass ich sie reparieren wollte. Und dass Dreisatz und Aufsatzschreiben einen ehemaligen Gymnasiasten in der Ausbildung nicht herausfordern, war auch irgendwie klar. Doch jeder dieser Momente sorgte am Ende dafür, dass ich meinen eigenen Weg gehen konnte, und ich bin dankbar für diese Meteoriteneinschläge.

Gleichzeitig sollte man aber auch die Gefahr erkennen, die hinter dieser Geschichte steckt. Hätte ich nicht einen solchen Dickkopf gehabt und mich durchgesetzt, dann würde ich heute Dinge tun, die ich nie tun wollte. Ich wäre maßlos unglücklich, und mein Talent wäre nie zum Vorschein gekommen.

Es erschreckt, wenn man die Macht erkennt, die so auf Kinder und Jugendliche, aber auch auf Erwachsene ausgeübt wird. Ist man nicht einigermaßen sauber aufgestellt, wird man zum Spielball der Unfähigkeiten und der Unkenntnisse des Schulsystems, der Gesellschaft und vielleicht auch der eigenen Eltern.

Ohne die Unterstützung meiner Mutter hätte ich all das nicht geschafft. Sie war die Einzige, die *meinen* Weg wirklich mitging. Den Mut, den hatte ich selber, und darauf bin ich noch heute sehr stolz.

KAPITEL 7

Schubladenwände

Papi steht im Garten und hängt Wäsche auf. Währenddessen sitzt Lukas auf dem Boden und »sortiert« Socken im Wäschekorb. Als eine dicke Spinne über den Wäscheberg kriecht, schreit Papi auf. Lukas schaut ihn verwundert an und fragt: »Papi, was ist?« Der versucht, sich zusammenzureißen. »Findest du nicht, dass die Spinne gruselig aussieht und eklig ist?«, fragt er. Lukas schaut hinter der weglaufenden Spinne her und antwortet schulterzuckend: »Na und?«

Das Wort *Schubladendenken* kommt laut einer Studie im deutschen Sprachgebrauch immer weniger vor. Doch leider verliert es nicht an Relevanz. Denn so, wie wir die Welt betrachten und mit Menschen und Situationen umgehen, sind wir mit einer ganzen Wand an Schubladen ausgestattet, manche sind klein und überschaubar, andere sind an Größe kaum zu überbieten. An manchen Stellen droht sogar schon, der Boden durchzubrechen.

Dabei sind Schubladen generell eine gute Erfindung. Sie helfen uns, unsere Welt zu sortieren. Bei jedem Ereignis öffnen wir die Schublade, legen die erzeugte Emotion hinein und bewerteten damit die Erfahrung. Anschließend erhält sie einen Aufkleber mit positiver oder negativer Bewertung. Auf diese Weise bringen wir Ordnung in unser komplexes Lebenssystem. Schubladendenken vereinfacht unseren Alltag und ist somit unendlich bequem. Wir müssen uns nicht immer wieder neu auf unser Gegenüber einstellen, denn wir wissen ja vermeintlich, worum es geht und was wir erwarten können oder eben auch nicht. Während wir sortieren und einräumen, treffen wir viele Gleichgesinnte. Und plötzlich stehen wir vor unserer Schubladenwand und sortieren gemeinsam ein. Da wird gebügelt und gefaltet, gedreht und gewendet, nach Beschaffenheit, Farbe und Größe weggeräumt. Gleichzeitig schaut man sich an und nickt bestätigend, wenn der andere sich auf die gleiche Weise verhält. Denn alles, was unser Gehirn erfasst, wird fortlaufend kategorisiert. Es wäre viel zu anstrengend, aktiv jede Situation und jede Person immer neu zu bewerten, wir kämen überhaupt nicht mehr hinterher und würden einen Großteil unseres Lebens nur noch mit Denken statt Handeln verbringen.

Schubladendenken kann sogar überlebenswichtig sein. Wir müssen in Bruchteilen von Sekunden Entscheidungen treffen, und in diesen Momenten können wir froh sein, dass wir ein so tolles Schubladensystem an unserer Wand aufgebaut haben. Stell dir vor, du treibst als Schiffbrüchige*r im Meer und ein Hai bewegt sich auf dich zu. Es wäre wohl ein schlechter Rat, mal anders zu denken, dem Hai eine Chance zu geben und ihn zu umarmen. In diesem Fall wäre es sogar ratsam, die Gefahren-Schublade zu öffnen und auf die entsprechende Reaktion zurückzugreifen. Dem Hai wiederum ist diese Kategorisierung ziemlich egal. Er wird sich wenig Gedanken über eure Bewertung machen, er wird im Meer einen anderen Snack finden.

Ein vielleicht eher vorkommendes Beispiel ist ein abendlicher Spaziergang durch eine einsame Straße. Wenn auf der gegenüberliegenden Straßenseite eine scheinbar zwielichtige Person entlangschleicht, die vielleicht auch noch zu dir herüberschaut, solltest du nicht deine Schublade ignorieren, die Straßenseite wechseln, der Person auf die Schulter klopfen und »Guten Abend« sagen. Es wäre der wohl denkbar schlechteste Moment, sein Schubladendenken über den Haufen zu werfen. Dass du bei dieser Person eine bestimmte Kategorie aufrufst, kann im Zweifel dein Leben retten. Bei diesen Beispielen spielt neben Schubladendenken natürlich auch der Instinkt eine große Rolle. Und trotzdem kann unser Schubladendenken uns auch vor realen Gefahren warnen.

Auf der anderen Seite sorgt dieses Schubladendenken dafür, dass wir ein Urteil bilden – ein Vorurteil –, obwohl wir überhaupt nichts über unser Gegenüber wissen. Wir bleiben erst einmal beim Beispiel unseres Unbekannten: Stell dir vor, er wechselt die Straßenseite und kommt auf dich zu. In deiner Schublade wird Alarm geschlagen. Sie würde klappern, rumpeln und fast aus den Fugen springen. Jede Zelle in deinem Körper würde sich anspannen, du würdest dich vorbereiten, um rechtzeitig wegzurennen. Bei dir angekommen, nimmt der zwielichtige Unbekannte seine Kapuze runter, lächelt dich an und fragt verzweifelt nach dem Weg. Wir sind beim wahren Problem angekommen – unserer Schubladenwand. Sie ist maßangefertigt, sie passt wie Arsch auf Eimer und füllt jede Ecke, jeden Winkel aus. Wie in einer Art begehbarem Kleiderschrank bewegen wir uns in der Gesellschaft. Die Socken landen bei den Socken, Hemden werden aufgehängt, T-Shirts zusammengefaltet. Was erst mal ganz gut aussieht, raubt uns an vielen Stellen aber unsere Flexibilität. Was, wenn plötzlich die Zuordnung nicht mehr klar ist und ein T-Shirt eher als Hemd aufzuhängen ist? Die Vorurteile, die wir über die Jahre gegenüber unseren Mitmenschen entwickelt haben, haben wenig mit einer reflektierten Meinung zu tun. Unsere Schubladen bremsen uns aus, wir betrachten die Welt nur noch, indem wir auf die Wand schauen. Wir vergessen, uns umzudrehen und den Blickwinkel zu verändern.

Hartnäckige Vorurteile haben Folgen, und diese erleben wir täglich. Es ist zum Beispiel ausreichend belegt, dass bei gleichwertigen Bewerber*innen bei einer Wohnungsbesichtigung derjenige in unserem Land einen Vorteil hat, der einen deutschen Namen hat, im Gegensatz zu demjenigen mit einem ausländischen Namen.

Oder vielleicht ist die digitale Welt für deine Eltern oder Großeltern ein großes Rätsel. Sie verfluchen diesen Teil der Evolution und wollen sich auch nicht damit beschäftigen. Wirklich? Hast du diese Schublade mal geöffnet und ihnen eine Chance gegeben, sie rausschauen zu lassen? Hast du sie vielleicht mal dabei unterstützt, den Umgang mit Handy, Laptop oder Tablet zu erlernen und das, ohne ständig genervt zu sein? Unsere Familie hat meiner Großtante, Ikaka, zum 80. Geburtstag einen gebrauchten Laptop geschenkt und für einen Internetanschluss in ihrer Wohnung gesorgt. Heute unterrichtet sie in einem Café andere Senioren im Umgang mit dem Internet. Natürlich ist Ikaka ein besonderes Beispiel, aber allein der Umgang mit einem Handy und dessen Möglichkeiten, kann die Welt dieser Generation unglaublich positiv verändern.

Allein die Schublade für die junge Generation ist so groß, dass man aufrecht in ihr stehen kann. »Die träumen den ganzen Tag«, »Die wissen nichts mit ihrem Leben anzufangen«, »Die hängen nur am Handy rum«, sind nur ein paar der üblichen Vorurteile. Doch kann man das wirklich pauschal so sagen? Was sollen junge

Menschen mit diesen Sätzen anfangen? Verändern diese ihr Leben in irgendeiner Weise positiv? Als Führungskraft bin auch ich vor vielen Jahren in dieses Denken hineingerutscht. Ich verstand nicht, warum so wenige wussten, was sie eigentlich mal machen wollten. Christian und ich haben diese Schublade aktiv geöffnet, dabei mussten wir feststellen, dass diese Generation viel mehr zu bieten hat. Viel mehr sogar als wir damals! So differenziert, so klar und selbstbewusst wie viele junge Menschen heute, waren wir nicht im Ansatz. Und so hatten wir es im Zuge unserer Öffentlichkeitsarbeit plötzlich mit einem jungen Kerl, Anfang 20, zu tun, der ein eigenes Ferienprogramm auf die Beine gestellt hat, das Kinder dabei unterstützen soll, ein selbstbestimmtes Leben zu leben. Wir hatten mit Anfang 20 ganz andere Flausen im Kopf!

Schubladendenken kann völlig harmlos sein, gleichzeitig aber auch dramatische Folgen haben. Vor allem, wenn es um soziale Gruppen geht, die ein gemeinsames Merkmal tragen. Dann begeben wir uns in Bereiche, in denen wir unfassbar sensibel mit unseren Vorurteilen sein sollten. Unser aller Denken kann zu psychischen und körperlichen Krankheiten dieser Menschen führen. Denn eines dürfen wir nie vergessen, auch wir stecken tief in diesen Schubladenwänden anderer. Natürlich können wir uns abstrampeln und versuchen, aus diesen Schubladen wieder herauszukommen. Aber ist es das, was wir wirklich wollen? Wollen wir diese Kraft wirklich immer und immer wieder aufbringen?

Die Medaille, beziehungsweise die Schublade, hat immer zwei Seiten. Und seien wir doch ehrlich, manchmal ist es ja auch ganz entspannend und förderlich, bei anderen einen Platz an der Wand gefunden zu haben. Das hat zum Beispiel zur Folge, dass bestimmte Themen nicht mehr angesprochen werden, weil sie für das Gegenüber anstrengend werden könnten oder sogar unangenehm. Schubladendenken kann durchaus zu Positivem für uns führen. So war die ältere Vermieterin einer unserer letzten Wohnungen der Meinung, dass *Schwule* immer so gut auf Sachen aufpassen, weshalb wir den Zuschlag für die Wohnung bekamen. Hätten wir die Wohnung wirklich absagen sollen, nur weil sie uns in eine Schublade steckte?

Klar ist aber auch, dass es bei uns, als homosexuelle Menschen, eher negative als positive Beispiele für Schubladendenken gibt. Wie oft begegnen wir dem Vorurteil, dass unserem Sohn die Mutter fehlt. Dass wir, als zwei Männer, einem Kind überhaupt nicht das gegeben können, was es braucht. Nein? Können wir nicht? Dafür sieht unser Sohn aber recht fidel aus, und auch psychische Abnormalitäten aufgrund seiner Familienkonstellation sind bei ihm nicht zu entdecken, im Gegenteil! Ist dieses Vorurteil vielleicht damit gepaart, dass die Gesellschaft Angst hat, dass wir als Regenbogenfamilie eine genauso gute und vollwertige Familienkonstellation wie alle anderen Modelle auch sein könnten?

Die Devise des Schubladendenkens lautet aber: Lieber dagegen schießen und die Schublade zuschlagen, als sie geöffnet zu lassen, um sich damit auseinandersetzen. Homosexuelle Menschen haben in bestimmten Berufssparten kaum Chancen, offen leben zu können. In Dienstleistungsberufen sind sie gerne gesehen, doch im Sport, im Handwerk oder zum Beispiel in der Justiz müssen sie sich meist bedeckt halten, weil sie ansonsten Gefahr laufen, ihrer Karriere ein Ende zu setzen oder sogar ihren Job zu verlieren. Aber warum? Sollen wir nicht Fußballspielen können, begabt beim Schreinern sein oder neutral und fair bei einer Gerichtsverhandlung auftreten? Diese Schubladen zu öffnen, scheint an manchen Stellen fast unmöglich, und doch erleben wir in der letzten Zeit immer wieder, wie der ein oder andere aus einer dieser Schubladen herausschaut und der Welt zeigt, dass Sexualität nichts mit Talent, Fachwissen oder Können zu tun hat.

Im vergangenen Jahr musste ich erkennen, dass Träume irgendwann auch mal zu Ende geträumt sein können. Eine Erfahrung, die ich mit meinem vermeintlichen nie endenden Berufstraum in der Fernsehwelt machen musste. Ich traf die Entscheidung, die Branche zu verlassen und mich mit unserer Öffentlichkeitsarbeit selbstständig zu machen. Mein Ausstieg nach fast 25 Jahren war ein gefundenes Fressen für allgegenwärtiges Schubladendenken in meinem Umfeld, aber auch auf Social Media. »Was, jetzt machst du einen auf Influencer? Da bist du doch nicht abgesichert«, »Das ist doch nichts für die Zukunft!«, »Speaker? Was soll das denn sein?«, »Ein eigenes Büro? Das ist doch totaler Quatsch und kostet nur Geld! Wofür brauchst du denn so was«, waren nur einige der Fragen und Vorurteile. Doch niemand wollte wirklich zuhören. Sie interessierten sich gar nicht für mich, sie wollten *besserpissen* und die Schublade zuknallen.

Als Angehörige einer sozialen Gruppe mussten und müssen wir sehr viel dafür tun, Vorurteile abzubauen. Wir müssen immer und immer wieder darauf aufmerksam machen, dass es mehr als die Schublade gibt. Ein Grund, warum wir entschieden haben, unser Leben in der Öffentlichkeit zu zeigen. Weil wir andere Menschen neugierig machen und hinterm Ofen hervorlocken wollen. Weil wir wollen, dass sie ihre Schubladen öffnen, damit wir herausschauen können, um ihnen zu zeigen, dass ihre Vorurteile nicht angebracht sind. Wir möchten, dass kommende Generationen homosexueller Menschen und Regenbogenfamilien gar nicht mehr in Schubladen gesteckt werden müssen, sondern gemeinsam mit allen anderen vor geöffneten Schubladenwänden stehen.

Schubladendenken ist also ein völlig menschliches Vorgehen. An vielen Stellen ergibt es sogar Sinn, es nimmt dir Arbeit ab und beschützt dich. Die Königsklasse ist erreicht, wenn du es schaffst, deine Schubladen auch wieder zu öffnen, aktiv dafür zu sorgen, dass jeder die Chance hat, dem ersten Eindruck, der Einstellung, den Vorurteilen auch wieder zu entkommen.

Das kostet zu Beginn des Prozesses viel Kraft und mindestens genauso viel Mut. An manchen Schubladen musst du fester ziehen als an anderen, manchmal klemmen sie auch. Die Welt wird aber eine viel buntere, wenn du dein Schubladendenken reflektierst. Menschen, die bisher aus dem Rahmen gefallen sind, werden nicht mehr automatisch eine Bedrohung. Du wirst beginnen, immer offener auf Menschen zuzugehen. Du hörst ihnen zu und erfährst mehr von ihren Sichtweisen und Einstellungen. Du wirst Erfahrungen außerhalb der gesellschaftlichen Norm machen.

Es ist wie in einem Museum, in dem du das Bild nicht mehr aus der Ferne betrachtest. Du kämpfst dich durch die Besuchermasse, um einen näheren und direkteren Eindruck zu erhalten. Und du wirst merken, dass du nach einer Weile viel entspannter sein wirst. Denn plötzlich musst du nicht mehr mit all den *Besserpisser*innen* zusammen alles in Schubladen quetschen. Du bist nicht mehr mit dem Leben der anderen beschäftigt, um darüber zu philosophieren. Du beschäftigst dich plötzlich viel mehr mit deinem eigenen Leben. Hast du früher über die Träume der anderen gelacht, sie vielleicht sogar verurteilt, wird dein Horizont unendlich wachsen. Plötzlich wird es nachvollziehbar, wenn ein*e Top-Manager*in mit Spitzengehalt aussteigt, um Weinbäuer*in in Portugal zu werden. Plötzlich ergibt es Sinn, sich bei einer vertraglich festgelegten 40-Stunden-Woche nach 60 Stunden zu fragen, ob das der eigentliche Sinn des Lebens ist und ob du wirklich das tust, was dich glücklich macht.

Es wird dich immer weniger interessieren, ob und in welche Schubladen dich andere Menschen stecken. Es wird dir Spaß machen, andere zu überraschen, in ihre verdutzten Gesichter zu schauen und lächelnd weiterzugehen. Du wirst selbstbewusster und mutiger. Denn am Ende ist es völlig egal, was andere über dich denken. Ihre Schubladen sind eben *ihre* Schubladen, die *du* dir nicht anschauen musst. Du bist genug damit beschäftigt, dein eigenes System zu öffnen, denn eines ist klar: Ohne Kraft aufzubringen, ohne Energie hineinzustecken, wird es definitiv nicht funktionieren.

Auch Christian und ich arbeiten fortlaufend an unseren Schubladen, und wir haben selbst schon unglaublich viel für uns bewegt. Hinzu kommt, dass wir vor allem von unserem Sohn lernen. Es ist wunderbar zu betrachten, wie er noch unvoreingenommen – ohne Schubladen – durch die Welt läuft. Er gibt jedem und allem eine Chance. Ihm ist auch völlig egal, ob er oder wir in einer Schublade landen. Dabei möchten wir ihn so wenig wie möglich manipulieren. Er soll seine eigenen Kategorien finden und entscheiden, wie viele und wie große Schubladen er baut. Natürlich werden wir ihn hierbei auf Gefahren aufmerksam machen und vom Kuschelkurs mit einem Hai auf hoher See vielleicht doch eher abraten, aber ansonsten soll er sich frei entfalten. Wir leben ihm dabei die größtmögliche Offenheit vor und zeigen ihm, dass ein selbstbestimmtes Leben, in dem man vielfältig denkt und sich von Schubladen freimacht, noch viel lebenswerter ist. Und wir hoffen, dass er mit dieser Einstellung nicht nur für sich seinen Frieden findet, sondern am

Ende als Generation dafür sorgt, Werte und viel Positives in die Gesellschaft zu tragen.

Wir reparieren und renovieren unsere Schubladen, wir malern und kleben, wir schieben auf und schieben wieder zu. Und stellen fest, dass es uns gefällt, uns mit uns selbst zu beschäftigen. Denn seitdem wir das tun, haben wir viele tolle Menschen kennengelernt, denen wir früher vielleicht nie eine Chance gegeben hätten. Unsere Welt ist dadurch *noch* viel bunter geworden!

KAPITEL 8

Das Finden des anderen Ichs

Hellblau gestrichene Wände, ein schwarzes Bettsofa, eine für damalige Zeiten typische Anbauwand mit Schrank und Schreibtisch, eine Sitzecke, ein kleiner Fernseher und eine Spielekonsole. Was bis hier nach einem ganz *normalen* Kinderzimmer eines neunjährigen Jungen in den 1990-Jahren klingt, hatte eine Besonderheit: Überall hingen Boyband-Poster an der Wand. Christian schwärmte für Take That, Backstreet Boys, Worlds Apart, die er alle spannend und hübsch fand.

Seine Kindheit war alles andere als stereotyp. Er zog gerne Röcke seiner Tante an und tanzte mit ihr durch die ganze Wohnung. Puppen mochte er mehr als Autos, und ganz allgemein spielte er lieber mit Mädchen als mit Jungs. Fußball oder Handball waren ihm ein Dorn im Auge, besonders gut war er dafür im Schwimmen oder Geräteturnen. Christians Vater erkannte schon früh seine vermeintlichen Besonderheiten, seine Mutter wollte sie zuerst nicht wahrhaben. Wenn er mit seinen Eltern auf den Märkten und Volksfesten unterwegs war, stand er oft vor den Fahrgeschäften und schaute den jungen Männern zu, die als Hilfskräfte die Stände aufbauten, an der Kasse arbeiteten oder

Fahrchips einsammelten. Während er dort stand und sie ober-körperfrei arbeiteten, wurde ihm zum ersten Mal bewusst, dass er Männer anziehend findet.

Und schon war er mitten im Irrsinn der gesellschaftlichen Normen angekommen: Ein Junge hat ein Mädchen gut zu finden, so wollte es der Großteil der Gesellschaft damals. Es gab unzählige Situationen, in denen Schaustellerkolleg*innen mit seinen Eltern darüber sprachen, wie es wäre, wenn Christian ihre Tochter später heiraten würde. »Wenn du mal eine Freundin hast…« – auch daran kam er nicht vorbei. Christian dagegen wurde sich aber immer unsicherer, ob das wirklich sein Weg war. Mit neun Jahren war es für ihn aber noch zu früh, seine sexuelle Identität zu benennen. Klar war aber auch, dass die vermeintliche Norm nichts mit Christian zu tun hatte. Nachdem er die jungen Männer auf den Märkten beobachtet hatte, sah er sich die nackten Jungs in der *Bravo* an. Er interessierte sich sowohl für die Körper als auch für ihre Geschichten. Und gleichzeitig wurde ihm das Gefühl vermittelt, dass er Mädchen toll zu finden hatte. Von außen beeinflusst, fing er an, in der Schule laut darüber zu reden, dass er bestimmte Mädchen anziehend fände. Doch tief in seinem Inneren spürte er, dass er sich all das nur einredete und die Gefühle nicht echt waren.

Christian hatte damals eine beste Freundin, für die er schwärmte und mit der er sich sehr verbunden fühlte. Er verbrachte viel Zeit mit ihr, am liebsten spielten sie gemeinsam mit der Spielekonsole. Als ihr erster Freund auf der Bildfläche erschien, war er eifersüchtig, er zog sich zurück und war oft sehr traurig. Für Mädchen war Christian meist nur der beste Kumpel. Sie merkten, dass er anders war. Er konnte sich auf sie einlassen, sein Verhalten, seine Mimik, seine Gestik – alles war anders als bei anderen Jungs, und das mochten sie.

Im Schullandheim war das Duschen mit seinen Klassen-
kameraden für Christian wiederum mehr als nur spaßig. Er war
13 Jahre alt, und sie waren in dem Alter, indem sich Jungs körperlich miteinander verglichen, das fanden sie lustig. Doch für Christian war es anders, er merkte, dass er sie eher anziehend fand.
Dadurch entstand bei ihm das Gefühl, fortwährend ein ganz großes Geheimnis mit sich herumzutragen. Dieses war gepaart mit
großen Gewissensbissen und einem Verantwortungsgefühl seiner
Familie gegenüber. Er fühlte sich als Sohn gegenüber seinen Eltern
verpflichtet, Kinder in die Welt zu setzen.

Die eigene Identität in der Kindheit und Jugend zu finden,
kann unfassbar emotional und anstrengend für die betroffene
Person werden. Dabei geht es aber erst einmal nur darum, sich
mit sich selbst zu beschäftigen. Doch parallel kommen aber mindestens genauso viele Gedanken über Normen, Erwartungen
oder Verpflichtungen den Eltern, Freund*innen und der Gesellschaft gegenüber auf. Also passierte, was passieren musste: Christian unterdrückte den aufkeimenden Gedanken, dass er vielleicht
schwul sein könnte. Aus Angst sprach er mit niemandem darüber,
bis er in der Pubertät kam. Mit etwa 15 Jahren bestellte er sich
Informationsbroschüren über Sexualität bei der Bundeszentrale für
gesundheitliche Aufklärung. Er hoffte, er würde so vielleicht Antworten auf seine Fragen bekommen und herausfinden, ob er nun
hetero oder schwul war. In diesen Broschüren fand er sich zwar
wieder, war aber immer noch nicht bereit, sich als schwul zu outen.

In der Wirtschaftsschule, im Alter von 15 Jahren, lernte er
Claudia kennen. Sie war Griechin, zwei Klassen über ihm, hatte
unglaubliches Charisma und sah sehr gut aus. In seiner Gefühlswelt komplett durcheinander, versuchte er, mit ihr eine Beziehung
einzugehen. Als sie jedoch begannen, intimere Zärtlichkeiten aus-

zutauschen, beendete er die Beziehung wenige Tage später. Christian merkte, dass sich das Gefühl ihr gegenüber nicht echt anfühlte und dass die Berührungen mit ihr nicht seine Vorstellungen von Zärtlichkeiten erfüllten. Permanent verglich er seine Gefühle, die er hatte, wenn er eine Frau oder einen Mann anschaute. Bei Männern fühlte es sich ganz anders an, viel stärker. Bei Claudia vermisste er die berühmten Schmetterlinge im Bauch, irgendetwas schien zu fehlen.

Kurze Zeit später gab es einen Mann, der immer während Christians Schichten im Restaurant saß. Er war ein durchtrainierter Kerl, zehn Jahre älter, sehr offen, sehr höflich und schmeichelnd. Er himmelte Christian regelrecht an. Als sie eines Abends ins Gespräch kamen, unterhielten sie sich länger über Elektronik. Dabei stellte sich heraus, dass er eine Musikanlage besaß, die Christian sehr spannend fand. Diese wurde immer beim damaligen TV-Format *Traumhochzeit* als Hochzeitsgeschenk präsentiert und konnte mit Handgesten gesteuert werden. Christians Neugierde war geweckt, und er fuhr mit ihm nach Hause. Doch die kommenden Stunden wurden keine schöne Erfahrung. Nachdem sie sich die Musikanlage angeschaut hatten und Musik hörten, begann der Typ ihn zu küssen. Christian versuchte, ihm auszuweichen. Doch anstatt aufzuhören, wurde er immer aufdringlicher und fordernder, womit Christian vollkommen überfordert war. Er verließ fluchtartig die Wohnung. Diese Erfahrung warf ihn total zurück. Die Vorstellung, dass sich Männer generell so verhielten, verunsicherte ihn so stark, dass er überlegte, ob es das Richtige für ihn ist. Er sprach mit niemandem über sein Erlebnis, stattdessen haderte er mit sich und seinen Gefühlen.

Zur damaligen Zeit gab es in der ortsansässigen Bank einen ersten *Internet-Kennenlerntag*. Der Umgang mit dem World Wide

Web war vielen noch nicht bekannt und wurde an diesem Tag von Mitarbeiter*innen der Bank erklärt. Nachdem Christians Vater schon einen Zugang auf dem heimischen Computer hatte, wollte Christian mehr darüber erfahren. Dieser Tag sollte sein Leben verändern, denn er lernte zum ersten Mal die Möglichkeit kennen, mit anderen zu chatten. Limitiert auf 15 Minuten, traf er auf eine Frau, mit der er sich sehr angeregt Nachrichten schrieb. Von Neugierde getrieben, schlich er sich während der Wochenenden spät abends ins Büro seines Vaters, setzte sich dort an den Computer und chattete weiter. Als er nach einigen Chats erfuhr, dass es sich bei der Frau eigentlich um einen jungen Mann handelte, war es um ihn geschehen – sein Herz schlug höher.

Und so kam, was kommen musste: Nach wochenlangem Schreiben traf er auf Andreas, der ihn mit seinem silberfarbenen Corsa besuchte. Andreas war groß, blond, hatte helle Haut, wohnte 40 Kilometer entfernt, und sie beide verband ein großes Thema: die Fliegerei. Auch Andreas Traum war es, Flugbegleiter zu werden.

Der nicht vermeidbare Kuss am ersten Abend haute Christian aus den Socken. Es fühlte sich komplette anders an als mit Mädchen, aber vor allem anders als seine Erfahrung mit dem Typen aus dem Restaurant. Andreas und er trafen sich ab dem Moment regelmäßig. Entweder kam Andreas in Albstadt vorbei, wo Christian bei seiner Oma während der Woche lebte, oder er holte ihn bei seinen Eltern ab, wo er klammheimlich spät abends aus seinem Kinderzimmerfenster im ersten Stock ausstieg, auf das Dach der Näherei kletterte und nach unten sprang, damit niemand etwas mitbekam.

Der einzige Mensch, den Christian nach einigen Wochen einweihte, war sein bester Freund Uli. Er ging mit Christian in dieselbe Klasse und war über sein Outing wenig überrascht. Er hatte so etwas schon lange geahnt und umarmte ihn. Auch die angehende Beziehung mit Andreas fand er cool und reagierte völlig offen. Seinen Eltern stellte Christian erst zwei Monate später Andreas als guten Freund vor. Offen wie sie waren, empfingen sie ihn, doch über die wahre Verbindung würden sie noch länger nichts erfahren.

Christian verbrachte viel Zeit bei Andreas, der in einer Wohnung im elterlichen Hotelbetrieb lebte. Das Zusammensein wurde sehr vertraut und liebevoll. Nach seiner ersten, sehr negativen Erfahrung konnte er sich zum ersten Mal bei einem Mann fallen lassen. Seine Gefühlswelt sortierte sich langsam wieder, und er fühlte, dass die Beziehung zu einem Mann das Richtige für ihn war. Auch für Andreas war Christian der erste Freund. Er machte ihm kleine Geschenke, sie gingen ins Kino und teilten ihre Leidenschaft – das große Interesse für die Fliegerei. Gemeinsam fuhren sie zum Stuttgarter Flughafen und beobachteten von der Besucherterrasse aus das bunte Treiben auf dem Vorfeld.

So verging ein Jahr, und Christians 18. Geburtstag stand vor der Tür. Andreas schenkte ihm zu diesem Anlass einen Ring, mit seinem eingravierten Namen. Aus lauter Angst jemand könnte ihn auf seinen Ring ansprechen oder diesen näher ansehen wollen, versteckte ihn Christian in seinem Zimmer. Das Versteck war allerdings nicht sonderlich gut gewählt, nicht viel später fand seine Mutter den Ring beim Saubermachen. Verwundert sprach sie ihn darauf an. Christian hielt kurz die Luft an. Er schämte sich und erzählte, dass der Ring ein Freundschaftsring sei. Seine Mutter nahm die Geschichte zwar erst mal so hin, um dann aber doch weiter zu forschen. Sie rief Uli an, Christians besten Freund, um Näheres zu erfahren. Der Super-GAU folgte sofort … Uli erzählte ihr, ohne zu zögern, die ganze Wahrheit. Er erzählte, wer Andreas wirklich ist, wie lange sie sich schon kannten, aber vor allem, welche Verbindung die beiden hatten. Und in dem Moment fiel es Christians Mutter wie Schuppen von den Augen. Plötzlich ergaben alle Situationen der vergangenen Monate Sinn: die häufigen Abwesenheiten, das Übernachten bei Andreas, der Ring – jetzt setzte sich das Puzzle zusammen. Als Christian an dem Tag nach Hause kam, konfrontierte sie ihn. Für Christian war es, als hätte jemand eine Bombe neben ihm gezündet. Er fühlte sich von seinem besten Freund gedemütigt und verraten. Ihm war die Situation unglaublich peinlich. Er hätte selbst entscheiden wollen, wann er es erzählt und seinen Eltern erklärt, dass er nicht auf Mädchen, sondern eben auf Jungs steht. Er hätte sich geöffnet, wenn er bereit gewesen wäre.

Seine Mutter wiederum war in dem Moment von ihrem Sohn enttäuscht. Sie dachte, ihm so viel Offenheit und Toleranz während seiner Erziehung mitgegeben zu haben, dass sie sich gewünscht hätte, er wäre wesentlich früher mit diesem Thema zu ihr gekommen. Es entstand ein Streit, der mit Vorwürfen gespickt war und darin endete, dass Christian erst mal abhaute. Die kommenden Stunden versuchte seine Mutter, ihn immer wieder auf dem Handy telefonisch zu erreichen, doch er ging nicht ran. Er saß in einem kleinen Baumhaus im Wald, in der Nähe seines Elternhauses, das er als Kind mit Freunden gebaut hatte. Als er nach ein paar Stunden weinend nach Hause ging, saß seine Mutter noch immer ebenfalls weinend am Esstisch. Sein Vater, der mittlerweile nach Hause gekommen war, begann daraufhin ein Gespräch. Er erzählte, dass er schon immer ein Gefühl bezüglich Christians sexueller Identität gehabt hatte und für ihn die Geschichte überhaupt nicht verwunderlich sei. Für ihn war das aber überhaupt kein Thema.

Christians Mutter kam auch in den nächsten Tagen immer wieder darauf zurück. Nicht, weil sie ein Problem damit hatte, dass ihr Sohn schwul war, sie war wegen des Versteckens und der Lügen – und das über Jahre hinweg – emotional komplett gegen die Wand gefahren. Sie konnte nicht verstehen, warum ihr eigener Sohn nicht mit ihr darüber gesprochen hatte, und stellte immer wieder infrage, was *sie* denn falsch gemacht hatte. Den Streit und die Diskussionen hatte auch Christians Bruder, der zum damaligen Zeitpunkt neun Jahre alt war, mitbekommen. Er reagierte total cool und verstand die Aufregung gar nicht. Dadurch, dass sie immer wieder darüber redeten, glätteten sich langsam die Wogen, und es kehrte wieder eine gewisse Normalität ein.

Für Christian war das Outing alles andere als eine Befreiung. Trotz der Beziehung zu Andreas wusste er selbst immer noch nicht genau, ob er schwul war. Die Definition, die es damals in der Gesellschaft noch unbedingt brauchte, hatte er für sich noch nicht 100-prozentig geklärt. Durch das unfreiwillige Outing seines besten Freundes fühlte er sich nun abgestempelt, fast so, als müsse er jetzt auch dieser Rolle entsprechen. Für ihn war immer noch einer der schlimmsten Gedanken, dass er den Wunsch seiner Eltern nach Enkelkindern nicht mehr erfüllen könnte. Während dieser ganzen Turbulenzen fand Christian bei Andreas Halt und Unterstützung. In seinem alten Freundeskreis outete sich Christian allerdings nicht mehr. Durch die Ausbildung als Flugbegleiter und die anschließende Versetzung nach München sah er darin keine Notwendigkeit mehr. Gleichzeitig fühlte er sich durch das unfreiwillige Outing immer noch überrumpelt.

Andreas, der eine Ausbildung zum Hotelfachmann abgeschlossen hatte, bewarb sich nach Christians Umzug parallel mit ihm bei der großen deutschen Airline, wurde aber nicht genommen. Die Beziehung überlebte das nicht. Andreas konnte sich nicht vorstellen, dass Christian durch die große, weite Welt flog, er aber nicht. Für Christian war der Umzug nach München wieder ein Befreiungsschlag. Er konnte komplett von vorne beginnen – ohne Vorurteile. Niemand kannte seine Vorgeschichte, niemand stellte ihn infrage, niemand ritt darauf herum, dass irgendwas anders war.

Da die Crews auf den Flügen immer neu zusammengesetzt wurden, bildete sich schnell ein großes Netzwerk. Viele seiner Kollegen waren schwul und inspirierten ihn mit ihrer Offenheit. Er begann, sich mit ihnen zu verabreden und Münchens Schwulenszene zu erkunden. Für ihn war es extrem spannend, zu sehen, wie Männer dort miteinander umgingen. Sie zeigten offen ihre Zugehörigkeit und Liebe. Er bekam das Gefühl, nicht mehr allein mit seinen Gedanken und Vorlieben zu sein und begann, sich wohlzufühlen. Es wurde zur Routine, jedes Wochenende im schwulen Freundeskreis in der Szene auszugehen. Und plötzlich hörte er auf, sich selbst infrage zu stellen und sich zu fragen, ob er nun Frauen oder Männer anziehender fand. Wurde er nach seiner sexuellen Orientierung gefragt, bekannte er sich zu seiner Homosexualität.

Die Distanz zur Familie tat Christian ebenfalls gut. Seine Homosexualität blieb noch lange ein Thema, vor allem zwischen ihm und seiner Mutter. Es fiel ihr doch schwerer, sich an den Gedanken zu gewöhnen, während sein Vater schon lange wieder zum Alltag übergegangen war. Selbst bei Arbeitskolleg*innen und Freund*innen machte sein Vater irgendwann keinen Hehl mehr daraus und nahm schon fast die Vorreiterrolle in der Familie ein. Erst Jahre später erfuhr Christian von ihm, dass er sich damals Omi Margot, seiner Mutter, anvertraut hatte. Sie war völlig offen damit umgegangen und hatte ihrem Sohn gesagt, dass dies nun alle zu akzeptieren hatten.

Christian drehte auf dem Weg zu sich selbst einige Extrarunden, und er musste eine ganze Menge Steine aus dem Weg räumen. Am schwierigsten war es für ihn, herauszufinden, wer *er* überhaupt war, was er mochte und wie er leben wollte. Er tat sich fast zehn Jahre äußerst schwer damit, seine Sexualität überhaupt zu definieren, es lastete ein unglaublicher Druck auf ihm. Die Erwartungen der Gesellschaft sorgten bei ihm für Verwirrung und Unsicherheit. Zum Glück änderte sich das, als er durch seinen Umzug ein freundschaftliches und geborgenes Umfeld fand, in dem ähnlich gedacht und gefühlt wurde. Seine neuen Freund*innen forderten von ihm keine Definition. Diese Menschen gaben ihm das Gefühl, dass er gut war, so wie er eben war.

Vielleicht war ich der Zeit etwas voraus, aber mir war es als Teenager nicht wichtig, meine sexuelle Neigung zu benennen oder zu erklären. Bis zu meinem Auslandsaufenthalt in Amerika ging ich davon aus, dass mein sexuelles Interesse, meine Orientierung dem weiblichen Geschlecht galt. Wenn ich aber auf die Jahre zurückblicke, dann muss ich erkennen, dass dem gar nicht so war. Ich fand schon als Jugendlicher alle Menschen interessant. Im Ferienlager oder mit Freunden hatte ich schon früh erste Erfahrungen mit Jungs gemacht. Gleichzeitig entwickelte ich aber auch ein Interesse am weiblichen Geschlecht. Während ich also zu Hause in Versandhauskatalogen die Seiten mit Männerbademode betrachtete, versuchte ich draußen meine ersten Gehversuche mit Mädels.

Auf der weiterführenden Schule hatte ich dann einen Freund, mit dem ich weiter ging. Es war mehr, als das bloße Kennenlernen des männlichen Körpers. Unsere Treffen waren regelmäßig und sehr intim. Und auch nach meinem Jahr in Amerika suchte er wieder den Kontakt zu mir, und wir machten da weiter, wo wir vor meinem Weggang aufgehört hatten. Erst, als er vor einer Gruppe von Leuten einmal gefragt wurde, was da eigentlich zwischen uns lief, kappte er von heute auf morgen die Verbindung und fing an, gegen mich zu wettern. Die Zeit mit ihm ist mir sehr wichtig. Ich begegnete zum ersten Mal einem Menschen, den ich nicht nur menschlich, sondern auch körperlich wirklich mochte. Ich genoss die Zeit mit ihm und er war mir wichtig.

Parallel dazu hatte ich aber auch Beziehungen zu Frauen. Mit 15 hatte ich meine erste Freundin, die Beziehung hielt zwei Jahre, danach folgten ein paar Liaisons. Dann lernte ich meine letzte Freundin Louisa kennen, wir hatten eine sehr innige, zweijährige Beziehung. Ich liebte meine Freundinnen sehr, der Umgang, der Sex – alles war toll. Vor allem mit ihr konnte ich mir in meinem jugendlichen Kopf eine gemeinsame, große Zukunft vorstellen. Und trotzdem hatte ich parallel auch Interesse an Jungs, weil ich aber diese beiden Welten komplett voneinander trennte, stellte sich für mich gar nicht die Frage, ob ich irgendjemandem vielleicht Rechenschaft ablegen oder mich outen musste.

Viele würden mich jetzt in eine Schublade stecken und sagen, ist doch klar, der ist bi und steht eben auf beide Geschlechter. Ich würde mich allerdings gerne wieder aus dieser Schublade herausholen. Meine Orientierung als bisexuell zu bezeichnen fühlte sich für mich nie richtig an. Ich brauchte selbst fast 30 Jahre, um zu definieren, dass ich einfach einen Menschen liebe. Mir ist es erst einmal nicht wichtig, ob dieser Mensch eine Frau, ein Mann oder vielleicht auch ein nichtbinärer Mensch ist. Louisa ging damals ins Ausland, doch die Beziehung zerbrach schon im Vorfeld daran. Während meines anschließenden Zivildienstes hatte ich eine wilde Zeit mit Frauen. Ich war damals kein Kind von Traurigkeit.

Als ich dann 1999 nach Amerika ging, änderte sich für mich alles. Noch am Flughafen in Frankfurt lernte ich Michael kennen. Er durchlief im Walt Disney World Resort dasselbe Programm wie ich – in Lederhosen vertraten wir dort die deutsche Kultur. Michael war ein unglaublich lieber Mensch, er wirkte auf der einen Seite sehr weich, war aber an anderer Stelle, vor allem in organisatorischen oder sprachlichen Dingen, unglaublich stark. Wir freundeten uns noch auf dem Hinflug an. In einer uns unbekannten Welt waren wir uns gegenseitig eine große Stütze und verbrachten viel Zeit miteinander. In Orlando lebten wir in einem eigenen Wohnkomplex für Disney-Mitarbeiter*innen. Hier gab es einen See, auf dem Steg saßen wir abends, nach getaner Arbeit, stundenlang. Wir erzählten uns gegenseitig unsere noch jungen Lebensgeschichten, bis Michael ins Stocken geriet. Es stellte sich heraus, dass er schwul war. Er haderte allerdings mit sich und seiner Welt, denn auch sein größerer Bruder hatte sich damals der Familie gegenüber geoutet. Ihre Eltern hatten den Bruder damals zum Arzt geschleppt in der Hoffnung, dieser könne etwas an den Genen ihres Kindes verändern. Ich verstand, warum Michael nicht gerade freudestrahlend mit seiner Geschichte hausieren ging. Er sprach über den Kampf zu Hause, über Erwartungshaltungen, über Erbe, während ich dasaß und fassungslos war. Wie konnten Menschen, und dann auch noch die eigenen Eltern, eine solche Einstellung haben? Wie können Eltern ihre eigene Weltanschauung, ihr Glück über das ihres Kindes stellen? Wie können sie dann auch noch damit drohen, ihr Kind zu enterben, nur weil dieses schwul ist? Welche Karten wollten sie noch ziehen, nur um ihren Egoismus zu befriedigen und nicht wahrhaben zu wollen, was ihrem Kind wichtig war? Ich verstand die Welt nicht mehr.

Schon damals sprach ich darüber, dass es mir egal war, was meine Eltern zu mir sagen würden, ich würde den Weg wählen, der mich in meinem Kern glücklich macht. Aller Zuspruch, alles Geld dieser Welt wäre mir egal, wenn ich einfach nur *meinen* Weg gehen konnte. Aber Michael war anders aufgewachsen, wurde anders erzogen und war unglaublich zurückhaltend, fast devot. Er erzählte mir, dass er eine Freundin hatte, die er als Mensch liebte, mit der er auch Sex gehabt hatte, die aber wusste, dass er eigentlich schwul war. Seine Eltern hatten diese *Beziehung* natürlich sehr begrüßt.

Vielleicht erging es Michael bei der Einordnung seiner Vorlieben wie mir. Ihm ging es nicht darum, zu benennen, mit welchem Geschlecht er im Bett lag, auch ihm schien es einzig und allein um den Menschen zu gehen. Auch er ordnete sich als schwul und nicht als bi ein. Ich erzählte ihm, dass auch ich sexuelle Erfahrung mit einem Freund gesammelt und es toll gefunden hatte, da fiel ihm ein Stein vom Herzen.

In den nächsten Wochen passierte dann etwas in mir. Während all unserer Gespräche über sexuelle Identität, über Menschen, über Liebe, begann ich, mir selbst wirklich zuzuhören. Ich stellte fest, dass meine Anmerkungen und Sprüche meine Einstellungen, meine Gefühle, mein eigentlich gewolltes Leben widerspiegelten. Es war, als hätte ich meinen eigenen Lebensweg gefunden. Und so saß ich eines Abends neben Michael und sprach mit ihm darüber, was in mir gerade vorging. Ich erzählte ihm von Männerbademode in Versandhauskatalogen, von meinen Erfahrungen mit dem männlichen Geschlecht und schlussendlich von meinen wahren Gefühlen zu Männern. Ich wollte nicht mehr um den heißen Brei herumreden. Ich wollte aus mir raus gehen und jedem mitteilen, wer ich wirklich war – mit allen Konsequenzen. An diesem Tag veränderte sich für mich tatsächlich alles. Ab da gab es für mich ein altes Leben, das ich hinter mir ließ, und die Welt, mein neues Leben, das vor mir lag.

Damit wir die amerikanischen Wege zum Supermarkt, zur Arbeit und selbst zum Briefkasten meistern konnten, hatten wir zusammen einen alten, beigefarbenen Cadillac gekauft. Ich ging ins nächste Geschäft, kaufte einen großen Regenbogenaufkleber, das Erkennungszeichen für queere Menschen, und befestigte diesen sichtbar und unübersehbar auf der Heckscheibe. Der Aufkleber wurde zum Symbol meines Outings.

Michaels weichere Art hatte öfter dazu geführt, dass mich Arbeitskolleg*innen fragten, ob er schwul sei. Bisher hatte ich immer wahrheitsgetreu geantwortet, dass ich das nicht wisse. Doch nach diesem Tag konterte ich Fragen nach seiner oder unserer sexuellen Orientierung mit: »Und wenn?!« Es auszusprechen, war wie ein Befreiungsschlag – für uns beide. Wir genossen die neu gewonnene Freiheit. Wir hielten uns immer mehr im Kreise Gleichgesinnter auf, durchstöberten entsprechende Bücher- und Zeitschriftenregale im Virgin Megastore in Downtown Disney und begannen, ein wirklich schwules Leben zu führen.

Ich schrieb Briefe an meine wichtigsten Menschen in Deutschland und erzählte, was sich für mich geändert hatte. Ich wollte nicht zurück nach Deutschland kommen und mit meiner Geschichte wieder von vorne beginnen müssen. Abgesehen davon, entzog ich mich so der ersten Reaktion. Es war definitiv der leichtere Weg für mich. Meine Mutter antwortete mir mit einem langen Brief und erklärte, dass sie völlig fein damit war, ich sei ihr Sohn und sie wolle mich glücklich sehen. Trotzdem fiel der kleine Nebensatz, dass es vielleicht auch nur eine Phase sei … Eine Phase, die bereits Jahre lang anhielt, aber das wusste sie ja nicht. Mein Stiefvater schrieb mir, dass er schon immer das Gefühl hatte, dass es da einige Mosaiksteine gab, die bisher nicht so richtig zusammengepasst hätten. Nun konnte er die fehlenden Steine einsetzen und es würde ein Gesamtbild ergeben, das Sinn ergab. Im nächsten Satz ging es bereits wieder ums Wetter. Meine wichtigsten Freund*innen reagierten ebenfalls gelassen. Und trotzdem kam unglaublich oft der Satz: »Was du?! Das hätte ich nie gedacht.«

Anders sah es währenddessen in Amerika aus. Mein plötzliches, sehr klares Herauskommen mit meiner, unserer Sexualität führte zu einer großen Ablehnung bei einigen unserer Arbeitskolleg*innen. Innerhalb kürzester Zeit hörte ich die schlimmsten Beleidigungen, die mir bis dahin je an den Kopf geworfen worden waren. *Schwuchtel* und *Tunte* waren da noch die netteren Worte. Wir wurden ausgelacht, nachgeäfft, regelrecht gemobbt. Für einen Moment stockte ich mit meiner neuen Offenheit. Ich fühlte mich verletzlich und sehr klein. Schließlich ging es doch nur darum, dass ich Menschen liebe. Ich war doch auch nach meinem Outing derselbe Bjoern wie vorher. Ich war jung, wollte einfach nur glücklich sein, und vor mir lag die Welt. Für die anderen hatte sich doch nichts geändert. Ich verstand nicht im Ansatz, warum einige Menschen nun so auf mich reagierten. Die Anfeindungen gingen immer weiter, sodass ich eines Tages weinend vor meiner Area-Managerin saß, der ich die Geschichte erzählte. Sie war völlig schockiert. Sie hatte in dieser Firma angefangen, weil sie dachte, dass hier maximale Toleranz gegenüber allen Menschen herrschte. Da ich aber bis zu diesem Zeitpunkt mit keinem anderen Menschen außerhalb unseres deutschen Arbeitsbereichs auch nur irgendein Problem als *schwuler* Bjoern hatte, erklärte ich ihr, dass es nicht die Firma sei – es ging von einem Teil der deutschen Arbeitskollegen aus.

Meine damalige Chefin half uns mit klaren Ansagen an die Belegschaft, und wir strickten unsere Arbeitspläne so um, dass wir besagten Kollegen während unserer Schichten nicht mehr begegnen mussten. Die restliche Zeit in Amerika war der wahr gewordene Traum. Ich lebte mein neues *Ich* unbedarft aus, und Michael und ich kamen uns nah. Wir unternahmen fast alles gemeinsam und reisten während unserer freien Tage und unserer Urlaube durch halb Amerika. Wir waren ein gutes Team. Er war der Sortierte, er hatte den Masterplan, ich war dagegen der Abenteurer, der Macher, und so ergänzten wir uns wunderbar. Ich hätte Michael damals gerne als meinen Freund, meinen Partner bezeichnet. Etwas, was er wiederum nie richtig zulassen konnte. Wir sprachen aber auch nicht wirklich darüber. Eine genauere Definition hatte das, was wir da gemeinsam erlebten, einfach nicht.

Meine Zeit in Amerika neigte sich dem Ende zu, und meine innere Stimme begann immer lauter zu schreien. Nach meinen Erfahrungen mit einigen deutschen Kollegen hatte ich diesen Kampf generalisiert. Für mich war klar, dass ich mit meinem neuen *Ich* – einmal zurück in Deutschland – große Probleme bekommen würde. Ich hatte große Angst, dass alle in meiner Heimat so waren und ich mich wieder verstecken musste, wo ich doch gerade erst begonnen hatte, mein *neues*, offenes Leben zu genießen. Die letzte Woche in Amerika verbrachte ich mit Michael in Las Vegas. Alles in mir schrie, mein Magen spielte verrückt, und ich kam vom Hotelklo nicht runter. Ich wollte nicht zurück.

Während meiner Zeit in Amerika hielt ich regelmäßig telefonischen Kontakt zu meinem besten Freund Oli, der mir erzählte, dass er neue Leute kennengelernt hatte. Dort gab es einen Frederik, von dem Oli dachte, dass ich mich sehr gut mit ihm verstehen könnte. Er machte Anmerkungen, dass auch Frederik schwul war.

Zurück in Fulda brach meine Welt zusammen. Alles war klein, wirkte irgendwie falsch, ich hatte das Gefühl, die Sprache der Menschen nicht mehr zu verstehen. Nach vier Tagen nahm ich Reißaus und floh zu meinem Stiefvater nach München, der direkt am Gärtnerplatz wohnte. Schräg vor seinem Hauseingang befand sich eine Telefonzelle, in der sich erneut mein Leben verändern sollte. Oli hatte mir die Telefonnummer von Frederik gegeben, und wir begannen, miteinander zu telefonieren. Da Handys noch nicht richtig verbreitet waren, weil die Verbindungskosten horrend hoch waren und ich diese Gespräche auch nicht in der Gegenwart meines Stiefvaters führen wollte, blieb mir nichts anderes übrig, als die Abende in dieser Telefonzelle zu verbringen. Frederik erzählte mir von seinem vergangenen Auslandsaufenthalt und davon, wie sehr er verstand, was gerade in mir vorging. Dabei ging es nicht nur um meine Homosexualität, sondern auch um das Gefühl, in eine völlig fremde Welt zurückgekommen zu sein. Schnell waren wir uns am Telefon sehr vertraut. Ich mochte seine Stimme, und wir wollten uns nach den vielen, intensiven Gesprächen endlich persönlich treffen. Frederik kannte bereits Bilder von mir, ich dagegen wusste nicht, wie er aussah.

Das Gefühl, das ich hatte, als ich aus dem Zug ausstieg und Frederik in meine Arme nahm, durfte ich bis zu meiner Beziehung mit Christian nicht mehr erleben. Es war wie ein Nachhausekommen, ein Ankommen, ein unglaublich inniges Gefühl von Verständnis. Ab diesem Moment war klar: Wir waren ein Paar. Ich wechselte einmal kurz die Klamotten, bevor wir gemeinsam zu meiner Stiefoma ins Rheinland fuhren. Wir versteckten uns nicht und zeigten, dass wir ein Liebespaar waren. Händchenhaltend saßen wir im Restaurant oder küssten uns auf der Straße. Zu Beginn fiel mir diese Offenheit nicht leicht. Ich wollte zwar nichts anderes, aber mein Gehirn war in Gedanken noch immer bei meinen ehemaligen deutschen Arbeitskollegen

An einem Nachmittag saßen wir in einem Park auf einer Bank und blickten auf einen See. Wir saßen nah beieinander, unsere Beine berührten sich, wir hatten die Arme umeinander gelegt. Plötzlich setzte sich eine ältere Dame zu uns. Ich hielt gefühlte Minuten den Atem an und traute mich nicht, mich zu bewegen. Ich wartete die ganze Zeit auf die unweigerlich anstehende Explosion. Ich wartete auf eine Maßregelung, eine Beleidigung oder irgendeine andere Äußerung. Aber nichts passiert … Nach einer gefühlten Ewigkeit stand die Dame auf, drehte sich zu uns, lächelte und sagte: »Ich wünsche Ihnen einen wunderbaren Tag.«

Da war er, der Eisbrecher! Dieser eine Satz schaffte etwas, was ich wochenlang nicht geschafft hatte – mich zu beruhigen! Er nahm mir den Wind aus den Segeln, und daraufhin änderte ich mein Mindset in Bezug auf Akzeptanz und Toleranz in unserem Land. Ab diesem Tag konnte mich niemand mehr aufhalten. Selbst negative Äußerungen kickte ich zur Seite. Etwas, das vielleicht am besten mit Glück zu beschreiben ist, war ins Rollen gekommen, und ich saß, wie auf einem großen Ball, obendrauf und balancierte um jedes aufkommende Loch, jedes Hindernis herum.

Parallel hatte ich etwas getan, das nicht für jeden nachvollziehbar war. Ich hatte mich, abgesehen von zwei Menschen, von meinem kompletten Freundeskreis getrennt.

Ich wollte nicht mehr zig Fragen zu meiner sexuellen Orientierung und meiner Identität beantworten. Ich war müde, immer wieder die Worte »Was, du?« zu hören und war irgendwie fertig mit meinem alten Leben. Ich wollte von vorne beginnen, mit neuen Zielen, mit neuem Mut, mit anderen Menschen. Ich hatte mein anderes *Ich* gefunden!

Christian und ich haben sehr unterschiedliche Findungsprozesse erlebt. Während er eher darüber nachdachte, den Erwartungen der Gesellschaft zu entsprechen, lebte ich meine Sexualität einfach aus. Allerdings hatten wir beide am Ende dieselbe Erkenntnis: Wir sind schwul und wir sind glücklich, so wie es ist.

Klar ist, dass es nicht *den* einen Weg zu seiner eigenen Identitätsfindung gibt. Einige Wege sind gepflastert, breit und ebenerdig. Andere wiederum sind steil, eng und steinig. Manche enden in Sackgassen, und man muss nach einem neuen Weg suchen. Aber völlig egal, wie du deinen eigenen Berg erklimmst – am Ende ist es wichtig, dass du dich selbst findest! Dabei ist völlig egal, was andere zu dir sagen, du musst *niemandem* genügen. Du musst auch keine Rücksicht auf andere nehmen und Dinge tun, nur weil sie es vielleicht wollen. Und du wirst sehen, dass es Menschen gibt, die dich wirklich lieben, die dich genauso nehmen, wie du bist. Sie werden viel positiver reagieren, als du es jetzt vielleicht vermutest. Und gleichzeitig wird es ebenso Menschen geben, die sich abwenden werden. Wie du damit umgehst? Kick sie aus deinem Leben! Denn wirklich jeder Mensch hat es verdient, er selbst zu sein und das auch so leben zu dürfen. Verbinde dich mit Menschen, die denken und fühlen wie du. Sie werden dich von Anfang an verstehen. Ihnen gegenüber musst du dich nicht erklären, sie werden über Veränderung nicht stolpern, sie sind dein sicherer Hafen. Sie werden dich an der Hand nehmen und dir helfen, all deine Fragen zu beantworten. Denn eines ist klar: Du sollst nicht das Leben der anderen leben, du sollst dein eigenes Leben leben – und zwar glücklich!

KAPITEL 9

System Arbeitswelt

Christian steht mit seinem gepackten Koffer, in seiner Uniform und ist bereit, um zum Flughafen zu fahren. Als er sich zu Lukas beugt, um sich zu verabschieden, schaut dieser in kritisch an. »Papi, du musst dich jetzt aber echt beeilen, das Flugzeug fliegt sonst allein weg!«, erklärt er.

Schon früh hatte Lukas erlebt, was es heißt, in ein Flugzeug zu steigen und in den Urlaub zu fliegen. Da sowohl Papi als auch Lukas Patentante Teamleiter*in und Kabinenchef*in sind, sein Patenonkel als Kapitän sogar andere Piloten ausbildet und viele weitere Freund*innen in der Luftfahrt arbeiten, ist das Thema bei uns allgegenwärtig. An den Wochenenden beobachten wir gerne hin und wieder das emsige Treiben am Flughafen und besuchen auf dem Rückweg Papi im Büro. Das alles führte dazu, dass er ein kindliches Verständnis für Papis Beruf entwickelt hat und sich inzwischen gut vorstellen kann, wo sich dieser gerade befindet.

Bei meinem Beruf war es etwas komplizierter zu vermitteln. Meine frühere Arbeit beim Fernsehen konnte er einfach nicht greifen. Wie sollte jemand in diesen Fernseher passen? Was hieß es genau, beim Fernsehen zu arbeiten? Gerne hätte ich ihm diesen Teil meines Lebens gezeigt und erleben lassen, doch dazu kommt es nicht mehr, worauf ich in einem späteren Kapitel ausführlicher eingehen werde. Er verstand nicht, wenn ich bei uns unterm Dach im Homeoffice saß und per Zoom-Call mit fremden Menschen sprach. Es passierte nur allzu oft, dass ein maskierter Pirat bei einer der Sitzungen um die Ecke schoss und mich in Ketten legte. Dass nicht jeder am anderen Ende freudestrahlend auf einen Piraten-Überfall reagierte, konnte er nicht verstehen. Dass Papa für seinen neuen Beruf als Speaker ebenso Ruhe in der Vorbereitung und digitalen Durchführung braucht, ist ihm relativ egal. Das ist zum Beispiel auch einer der Hauptgründe, warum wir heute ein Büro in der nächstgelegenen Stadt haben, indem wir in Ruhe arbeiten können, damit wir uns zu Hause mit voller Aufmerksamkeit in die nächste Piratenschlacht mit Lukas begeben können.

Lange bevor er auf der Welt war, hatten wir uns in unsere jeweils ganz eigene Piratenschlacht begeben. Bereit, für jeden und alles zu kämpfen, saßen wir nach der Ausbildung auf unseren Jollen, bereit, jedes noch so große Schiff zu entern und das Steuerruder zu übernehmen. Christian stieg stolz mit Uniform in die großen Flieger und bereiste die Welt. Kein Ziel war zu weit, kein Passagier zu anstrengend, kein Jetlag zu schwer – er sammelte Flugstunde um Flugstunde.

Dies wäre sicherlich noch viele Jahre so weitergegangen, hätte sich da nicht sein innerer Schweinehund gemeldet, der ihn daran erinnerte, dass sich viele Menschen zu Beginn seiner Karriere dem Beruf gegenüber kritisch geäußert hatten. Auch die Bezeichnung *Saftschubse* hatte tiefe Spuren hinterlassen. Dabei hätte er bereits damals mit breiten Schultern behaupten können, dass es nicht jeder von der Hauptschule nach Singapur schafft. Massiv durch die *Besserpisser*innen* dieser Welt beeinflusst, begann er früh, nach immer Höherem zu streben. Jahrelang war ihm nichts genug, es musste immer mehr sein, immer mehr erreicht werden. Und so war ihm auch das Leben als Flugbegleiter nicht genug, weshalb er sich neun Jahre später als Kabinenchef bewarb. Der innere Antrieb, der Wille, es beweisen zu wollen, führte dazu, dass er damals einer der jüngsten Purser Münchens wurde, wenn nicht sogar *der* Jüngste. Mit der Verantwortung für das Kabinenteam und alle Abläufe in der Passagierkabine, ging es mit den Fliegern hoch und wieder runter. Er war innerhalb kürzester Zeit vom *kleinen* Flugbegleiter zur Führungskraft aufgestiegen. Er leitete Teams, für die er ein Vorbild war. Aber auch mit dieser Position war er nur kurzfristig zufrieden. Es war, als würde er Schokolade essen. Ein Riegel befriedigt nicht, es muss schon die ganze Tafel sein. Und wenn diese gegessen war, fiel er in ein Loch. Ein Jahr später erhielt er die Zusatzfunktion als Trainer für Flugbegleiter und Purser. Im Trainingsraum brachte er anderen Menschen bei, was sie als neu eingestellte Flugbegleiter*innen und dann als Kabinenchef*innen über den Wolken alles zu beachten hatten. Es wundert aber wahrscheinlich niemanden, dass auch hier für ihn nicht Schluss war. Kurzerhand legte er ein Studium zum Luftverkehrskaufmann obendrauf und stieg fünf Jahre später noch eine Stufe auf. Er wurde zusätzlich zu seinen bisherigen Aufgaben Teamleiter und damit Vorgesetzter von etwa 160 Flugbegleiter*innen. Für seinen Arbeitgeber war Christian der perfekte High Performer. Er liebte das Produkt, er liebte seinen Job. Bei jedem Zusatzprojekt schrie er förmlich *hier*.

Wenn ich seine Kariere betrachte, empfinde ich sie als völlig irre. Natürlich war er stolz auf sich, natürlich leistete er in kürzester Zeit enorm viel. Und doch waren die Gründe, warum er all dies erreichte, alles andere als positiv. Als ich mit ihm zusammen-kam, war es ihm fremd, Genuss in seinem Beruf zu empfinden. Er konnte sich nicht lange darüber freuen, was er alles erreichte. Ihm fiel es schwer, innerhalb seiner eigenen Karriere einfach mal stehen zu bleiben und sich vielleicht sogar mal auszuruhen. Viel zu tief saßen all die negativen Kommentare in seiner Kindheit und Jugend. Es ging immer darum, der Welt zu beweisen, dass er alles schaffen kann. Er wollte zeigen, dass er nicht der Außen-seiter ist, als der er immer behandelt wurde. Und genau da lag der große Fehler: Es soll wirklich *nie* darum gehen, *der Welt* etwas zu beweisen! Es soll einzig und allein um jeden Einzelnen gehen. Denn natürlich können wir *alles* erreichen, aber nur für *uns* und nicht für irgendwelche *Besserpisser*innen*, die nicht an uns glau-ben, nur weil sie es selbst vielleicht Versagensängste haben, nei-disch oder missgünstig sind.

Natürlich führte Christians Antrieb auch innerhalb der Beziehung immer wieder zu Spannungen. Ein Partner, der immer nur getrieben durch sein Berufsleben läuft, strahlt auch im Pri-vaten wenig Entspannung aus. Der Job war immer und überall gegenwärtig. Da wurde über Zeitzonen hinaus, tagaus, tagein über Themen philosophiert, sich aufgeregt und vermeintlich die Welt bewegt. Ein Zustand, der langfristig nicht gesund sein konnte – für alle Beteiligten.

Wie bereits angedeutet, verlief mein Einstieg in die Jobwelt nach meiner Ausbildung ähnlich rasant. Ich hatte gerade die Ausbildung abgeschlossen, als ich mitten in der Fernsehwelt als Jungredakteur und ein Jahr später als leitender Redakteur einer Spieleredaktion saß. Der erste Dämpfer kam, als die Produktionsfirma – einein-halb Jahre nach meinem Eintritt – ihre Redaktion aus Mangel an Aufträgen fast komplett vor die Tür setzen musste. Ich hatte damals eine unglaubliche Zuversicht, dass es schon irgendwie weitergehen würde. Es hatte ja bisher immer funktioniert, warum sollte es jetzt nicht weitergehen?

Im Münchner Arbeitsamt wurde ich kurz an meinen Besuch des Arbeitsamtes in Fulda erinnert. Ich erzählte der bedingt freundlichen Mitarbeiterin, dass ich Redakteur sei. »Was schreiben sie denn?«, fragte sie mich. Ich schaute etwas verdutzt und antwortete: »Ich schreibe nicht. Ich produziere Fernsehsendungen.« Ihre Antwort ließ nicht lange warten: »Dann sind sie auch kein Redakteur.« Da war er wieder! Wieder so ein Moment, an dem man mir erzählen wollte, wer ich bin und was ich tue – oder eben auch nicht. Ein offizielles Amt, das Menschen dabei unterstützen soll, eine neue Wirkungsstätte zu suchen, brachte mich mal wieder nicht weiter. Und theoretisch hätte es wieder Potenzial gehabt, dass ich deshalb von meinem Weg abweiche und beginne, Dinge zu tun, die ich eigentlich gar nicht möchte.

Dabei wusste ich sehr gut was ich tat, und ich wusste, wie es für mich weitergehen sollte. Natürlich fand ich als Redakteur einen neuen Job, damals bei einem Call-in-Quizsender – manche kennen noch die Suche nach Tieren mit drei Buchstaben. Während der Moderator ein Quiz präsentierte, konnten die Zuschauer*innen anrufen und mit der richtigen Lösung Geld gewinnen. Die damalige Zeit war so verrückt wie surreal. Das Prinzip und die Strategie des Senders war zu Recht umstritten, und doch war es für mich als junger Mensch ein unglaublicher Ausflug in eine Marktnische. Ich stieg zum Producer auf und war oft gefragt, wenn es darum ging, neben dem klassischen Call-TV auch Sendungen zu produzieren, die kein Call-in beinhalteten. Es war eine wirklich verrückte Zeit. Warst du in der Redaktion erfolgreich, konntest du mit jeder Idee um die Ecke kommen – sie wurde umgesetzt. Der TV-Markt wurde zwischen 2000 und 2010 von Call-in-Shows überschwemmt. Im Ausland wurden ähnliche Shows produziert, und so kam es, wie es kommen musste – plötzlich gaben sich Headhunter die Klinke in die Hand, um die erfolgreiche Mannschaft abzuwerben. Eines Tages saß ich im Flieger nach Budapest, um dort mit dem Geschäftsführer einer Call-in-Produktion zu sprechen. Er bot mir damals das Gehalt eines Klinikprofessors an, wenn ich für ihn arbeiten würde. Auf dem Rückweg schaute ich beim Landeanflug auf München und war berührt von den Bergen, die von der untergehenden Sonne angestrahlt wurden. Ich beschloss, den Job nicht anzunehmen. Ich wollte nicht am Ende jeder Woche nach Hause shutteln müssen, eine Fernbeziehung führen und den Ammersee durch den Balaton ersetzen. Mein Arbeitgeber erweiterte daraufhin selbst sein Wirken ins Ausland, und kurze Zeit später wurde ich Teil der internationalen Mannschaft. Plötzlich flog ich montags nach Brüssel, mittwochs nach Kopenhagen und freitags vielleicht noch auf eine Stippvisite nach Budapest. Da saß ich, junger Kerl, und stieg in die Flieger, als hätte ich nie etwas anderes getan. Der Höhepunkt der Skurrilität war erreicht, als wir aus Unterföhring bei München Live-Shows nach Argentinien und Indien sendeten. Doch anders als bei Christian, trieb mich in all dieser Zeit eine intrinsische Motivation an, Karriere zu machen. Es machte mir Spaß, Verantwortung zu übernehmen und Menschen zu führen. Die Sache reizte mich, es waren nicht irgendwelche Menschen, die mir erzählen wollten, dass ich nichts kann.

Nach fünf Jahren in der Call-in-Branche begann ich, das klassische Fernsehen zu vermissen. Ich wollte wieder Entertainment und richtige Fernsehshows produzieren. Als eine passende Stelle ausgeschrieben war, bewarb ich mich als Abteilungsleiter bei einem deutschen Pay-TV-Anbieter. Ich hatte auch in diesem Prozess ein Urvertrauen in mich selbst.

An mancher Stelle fragte ich mich zwar, ob die Aufgabe vielleicht zu groß sein könnte, aber klar war, dass ich diesen Weg jetzt einschlagen möchte. Ich konnte führen, hatte einen Werkzeugkoffer an Grundlagen, und den Rest würde ich schon irgendwie lernen. Die Gespräche führte ich mit dem inspirierendsten Chef, den ich in meiner gesamten Festangestellten-Laufbahn je kennengelernt habe. Er teilte meine Wertevorstellungen und berührte mich als Mensch. Wir matchten, und ich bekam den Job. Und natürlich kamen auch hier wieder die *Besserpisser*innen* auf meine Spur, und ich weiß nicht, wie oft ich den Spruch hörte: »*Wie* hast *du* diesen Job bekommen?« Als ehemaliger Mitarbeiter eines Call-in-Senders, dessen Image nicht gerade positiv besetzt war, war es nicht unbedingt üblich, eine leitende Stellung bei einem großen Fernsehsender zu übernehmen. Hinzu kam, dass ich gerade mal Anfang 30 war und somit vergleichsweise jung für eine solche Position.

Ich verantwortete damals alle Entertainment-Sendungen, die ich mit einem eigenen Team selbst produzierte. Plötzlich tauchten Namen wie Kiefer Sutherland, Jürgen Prochnow, Tom Hanks und Til Schweiger auf der Liste meiner Protagonisten auf. Es wurde Alltag, auf roten Teppichen zu stehen, an den Original-Schauplatz von *Game of Thrones* zu drehen oder Verträge für Live-Shows mit mehreren Ländern auszuhandeln. Da ich aber in einem Land lebe, in dem es wichtig ist, was man sich auf die Visitenkarte schreiben kann, und auch ich damals dafür empfänglich war, reichte mir der ursprüngliche Head-of-Titel irgendwann nicht mehr aus. Ich setzte den Director noch oben drauf.

Meine Eltern erzählten mit breiten Schultern, dass ich beim Fernsehen arbeitete und was ich alles verantwortete. Mein Freundeskreis hörte gerne die Geschichten von Stars und Sternchen und war glücklich, wenn ich mal wieder eine Produktion mit Publikum hatte, bei der sie *Fernsehluft* schnuppern konnten. Schon damals fühlte es sich so an, als sei dieser Job völlig unwirklich. Ich sprach früh davon, dass dieser eigentlich ans Ende meiner Karriere gehört hätte, denn dieses Fernseh-Produzenten-Paradies würde ich so nie wieder bekommen. Damit behielt ich recht, wie sich später herausstellen sollte.

Fünf Jahre später folgte dann die dunkelste Zeit meiner Karriere. Ich erfuhr eines Tages, dass die Strategie des Senders geändert wird und in meinen Bereich nicht mehr investiert werden sollte. Das hatte zur Konsequenz, dass ich vor der Auflösung meiner Redaktion stand und allen Mitarbeiter*innen Aufhebungsverträge angeboten wurden. Es gab schlichtweg keinen Bedarf mehr für sie.

Die nächsten Wochen war ich wie paralysiert. Ich stand morgens auf, ging zur Arbeit und fuhr wieder nach Hause. Eigentlich alles wie sonst, mit dem großen Unterschied, dass ich die Welt wie in einer Blase erlebte. Wie in allen großen Unternehmen, in denen solche Strategie- und Umstrukturierungsmaßnahmen stattfinden, wurde intern alles vorbereitet, um gezielt die Bombe platzen zu lassen. Als dieser Tag kam und die Redakteur*innen vor mir saßen, spulte ich mit zitternder Stimme meine vorher zurechtgelegten und immer wieder geübten Sätze ab – etwas in mir zerbrach. Der Glaube an das System. Die Festanstellung war für mich bis dahin wie ein sicherer Hafen – ich hatte, so glaubte ich, ein Netz und einen doppelter Boden –, der es unmöglich machte, jemanden vor die Tür zu setzen. Doch gab es all dies plötzlich nicht mehr, wir befanden uns alle im freien Fall. Ich verstand auf einmal, dass auch eine Festanstellung keinerlei Sicherheit mehr in der heutigen Zeit bedeutet. Und dabei ist es egal, ob du nur noch wenige Jahre bis zur Rente oder Kinder hast, egal, ob du gerade im Job erst angefangen oder deine Familie abhängig vom Gehalt ist. Firmen treffen strategische Entscheidungen, und damit haben sich Mitarbeiter*innen zu arrangieren, ob es ihnen passt oder eben nicht.

Die anschließenden Einzelgespräche mit meinen Mitarbeiter*innen waren das Schlimmste, was ich beruflich je erleben musste. Hier saßen Schicksale, und es war egal, wie es nun bei ihnen beruflich und privat weitergehen würde. Was mich am meisten erschütterte, war aber gar nicht die generelle Entscheidung. So etwas passiert in vielen Firmen jeden Tag auf dieser Welt, nun hatte es eben uns getroffen. Es war der Umgang des Managements, der mich erschütterte. Die Menschen, die mich innerhalb der Firma in diesem Prozess unterstützten, die mir zur Seite standen und immer wieder fragten, wie es mir eigentlich mit all dem ging, kann ich an einer halben Hand abzählen. Die meisten schauten weg und duckten sich. Sie wussten selbst nicht, wie sie mit der Situation umgehen sollten, und überließen es mir, sich um die unangenehmen Dinge zu kümmern. Ich fühlte mich, als würde ich mutterseelenallein in einer riesigen Halle stehen. Es war kalt, feucht, und der Wind zog durch das Gebäude – ich fröstelte. Nachdem ich alles zuerst leer geräumt hatte, musste ich nun durchkehren, damit wieder andere einziehen konnten.

Vor allem durch die Coronapandemie ist auch Christians Job heute ein anderer als früher. Auch bei ihm haben sich viele Dinge verändert, ebenfalls nicht unbedingt immer zum Guten. Im Grunde steckt er heute in der Situation, in der ich vor fünf Jahren steckte. Die Strukturen werden gerafft und angepasst, und es werden weniger Mitarbeiter*innen benötigt als vor der Pandemie. Irgendjemand muss es ihnen erklären, irgendjemand muss aufräumen und durchkehren. Eine Situation, ein Prozess, der bei ihm Leiden schafft, weil auch er versteht, dass es nie mehr so sein wird wie früher. Und dann stellt sich, wie damals bei mir, die Frage, wie viel Firma, wie viel Produkt bin ich eigentlich noch? Kann ich als Führungskraft wirklich hinter den Entscheidungen stehen und diese gut nach außen tragen? Wie gut kann ich den neuen Weg mitgehen? Was ist mir im Leben wichtig, und gehört die Firma, für dich ich arbeite, dazu?

Der Mensch braucht solche Ereignisse, um endlich aufzuwachen. Vor allem bei jahrelang erlernten Mustern braucht es viele Meteoriteneinschläge, bis das eigene System ins Wanken gerät und man beginnt, sich selbst wirklich zu hinterfragen. Bei uns waren es meine berufliche Situation, der Einzug unseres Sohnes, die Umstände der Coronapandemie und Schicksalsschläge von Freund*innen und Familie.

Wir waren bis zu diesen Punkten schon sehr zielgerichtet durchs Leben marschiert – nicht immer war uns das bewusst. Wir waren darauf bedacht, glücklich und zufrieden zu sein, Verantwortung zu übernehmen, etwas zu erreichen. Allerdings verstanden wir an vielen Stellen noch nicht, woher der eigentliche Antrieb kam, welche Umstände für unser Handeln verantwortlich waren und welchen Einfluss wir wirklich selbst hatten. Um diese Fragen zu beantworten, mussten wir in unsere 40er kommen. Erst hier konnten wir das Puzzle richtig zusammensetzen, erst hier war genug passiert, um das ganze Bild zu sehen. Davor hatten wir vielleicht die einzelnen Puzzleteile nach Farben sortiert, waren aber noch nicht fähig, sie korrekt zusammenzufügen.

Wir haben heute verstanden, dass nichts und niemand dir wirkliche Sicherheit im Berufsleben gibt. Egal, ob du zwei oder 20 Jahre in Festanstellung arbeitest, ob du dich in einer vermeintlich krisensicheren Branche befindest oder einen netten Chef hast, der sich für dich einsetzt. Wenn es am Ende um Strategie, um Gewinnmaximierung, um Umstrukturierungen oder erst recht um das Überleben einer Firma geht, werden wir zum Sandkorn im Getriebe. Gerade langjährige Mitarbeiter*innen haben ein Mindset, das aus vergangenen Tagen stammt. Sie haben die goldenen Zeiten erlebt und erzählen auch immer wieder gerne davon. Doch es ist egal, wie viel Wissen sie mit der Zeit angehäuft haben, das der Firma vielleicht nützlich sein könnte. Es geht um ihre Einstellung, die vergiftet ist, weil es die vergangenen Zeiten nicht mehr gibt.

Wissen kann erlernt werden, eine Einstellung zu verändern, ist ein wesentlich schwierigerer, für einen Arbeitgeber fast unmöglicher Prozess. Ist eine Einstellung, eine Meinung über Jahre erst einmal gefestigt, bedarf es eines langwierigen Changeprozesses, bei dem die Mitarbeiter von der Notwendigkeit der Veränderung überzeugt und der Widerstand gegen den Wandel aus dem Weg geschafft werden muss. Ob dann am Ende der Erfolg steht, ist völlig unklar. Und so trennen sich Firmen lieber von uns *Altlasten* und warten nicht auf irgendeinen Mindset-Turn-around, der vielleicht nie kommt. Sie lassen so bewusst das Wissen gehen, um mit neuen, frischen Mitarbeiter*innen zu starten, die das Alte, wenn überhaupt, nur aus Erzählungen kennen und mit uneingeschränkter Motivation von vorne beginnen.

Aus wirtschaftlicher und psychologischer Sicht eigentlich verständlich. Als betroffener Mitarbeiter bricht allerdings eine Welt zusammen. Wir wollen doch gebraucht und geschätzt werden.

Wir identifizieren uns mit unserem Arbeitgeber und den Produkten, und dann das? Ja, *das* ist die Arbeitswelt, *das* ist die vermeintliche Sicherheit – es gibt sie *nicht*!

Wie jeder Mitarbeiter, war auch ich einfach nur ein Rad im System. Und ich hatte als Führungskraft in meinem kleinen Kosmos nicht anders gehandelt. Wenn sich Menschen bei mir bewarben, ging es mir im ersten Moment nicht um ihr Fachwissen, ihre Spezifikation. Ich wollte beim Vorstellungsgespräch das Feuer in ihren Augen sehen. Ich wollte sehen, dass sie bereit sind, etwas bewegen zu wollen, dass sie für die Firma und das Produkt brannten. Der große Unterschied zum allgemeinen Firmendenken waren allerdings meine ganz persönlichen Umstände. Ich hatte die Schule und eine Ausbildung abgebrochen, nicht unbedingt ein rosiger Start ins Berufsleben. Ich war auf meinem Weg, neben all den *Besserpisser*innen*, aber oft auch zur richtigen Zeit am richtigen Ort gewesen, ich war den richtigen Menschen und Mentoren begegnet. Und so wollte ich nun selbst anderen die Möglichkeit geben – fernab von irgendeinem vorgegebenen System aus erwarteten Schul- und Studienabschlüssen –, ihre Talente zu entfalten.

Nach dem Zusammenbruch meiner Arbeitswelt durch den Rauswurf meiner Mitarbeiter war mein System zuerst auf Weitermachen gepolt. Kummer und Stillstand gab es bis dahin für mich nicht, und so begab ich mich bei meiner Firma auch in einen offiziellen Changeprozess. Mit professioneller Hilfe arbeiteten wir an der Zukunft des angeschlagenen Bereichs. Da wurde gebrainstormt, entwickelt, verworfen und neu aufgestellt. Eigentlich völlig offen für solche Methoden, saß ich wie automatisiert in den Meetings. Es fühlte sich so an, als sei die Zeit irgendwie stehen geblieben, und es kostete mich unglaublich viel Kraft, Input zu liefern – etwas, das mir bis dahin spielend von der Hand gegangen war. Ich war nicht mehr ich selbst, ich funktionierte nur noch, ich hatte mich selbst komplett verloren.

Und genau deshalb begann ich, mein eigenes System in der Zeit umzuprogrammieren. Wir führten endlose Gespräche, sprachen über Ziele und Visionen. Wir entwarfen und verwarfen Visionboards, Collagen, auf denen unsere Träume und Wünsche festgehalten waren. Und so traute ich mich, mit dem Wissen, dass eine Festanstellung nicht unbedingt sicherer ist als eine Selbstständigkeit, der Festanstellung 2021 den Rücken zu kehren und ein eigenes Unternehmen zu gründen. Innerhalb von drei Jahren haben wir so unsere Marke Papaundpapi aufgebaut, die heute äußerst erfolgreich ist. All das wäre ohne den Ausstieg aus dem Hamsterrad nicht möglich gewesen.

Beide Arbeitswelten sind einfach grundverschieden und haben beide für sich ihre Vor- und Nachteile. Wobei das Wort *Nachteil* sehr relativ sein kann, wenn man das ganze Bild betrachtet. Natürlich ist man als Selbstständiger von Auftraggebern abhängig, aber etwas selbst zu erschaffen, sein eigener Chef zu sein, vielleicht auch anderen Menschen einen Job zu geben, sie uneingeschränkt zu fördern – das hätten wir uns in unserer Vergangenheit an vielen Stellen gewünscht. Vor allem aber jeden Tag selbstbestimmt zu gestalten, ist die größte Veränderung und Bereicherung. Das alles hat mit Vertrauen in mich selbst, mit Mut, viel Willen und einer großen Vision zu tun. Mir pisst kein *Besserpisser*in* mehr an den Karren, an mir wird keine Führungskraft mehr ihre schlechte Laune vom Wochenende auslassen. Ich kreiere unsere eigenen Produkte, setze uns eigene Ziele und kann jeden einzelnen Schritt selbst entscheiden. Und seien wir ehrlich, wer weiß schon, wie es in fünf oder zehn Jahren in unserem Leben aussieht. Bis dahin freuen wir uns einfach auf jeden einzelnen Tag und schauen mit großer Freude in unsere private und berufliche Zukunft!

KAPITEL 10

Als Paar überleben

Für das eigene *Lebensglück* hat jeder seine ganz eigene Definition. Denn es gibt so unglaublich viele, unterschiedliche Arten und noch mehr Wege, sein eigenes Glück zu finden und dann auch zu leben!

Vielleicht erfüllt dich ein Leben mit vielen Reisen. Du bist glücklich, wenn du fremde Länder, andere Kulturen und Menschen unterschiedlicher Herkunft kennenlernst. Wenn du einen Flieger am Himmel entdeckst, spürst du ein Kribbeln im Bauch und würdest am liebsten direkt selbst darin sitzen. Du hältst es zu Hause nur schwerlich aus und bist immer gerne auf Achse. Vielleicht bist du sogar schon ausgewandert und hast dein Lebensglück mit dem eigenen Surf-Shop auf Bali oder der Currywurstbude auf Mallorca gefunden. Vielleicht erfüllt es dich aber auch, wenn du erfolgreich im Beruf bist, wenn du Mitarbeiter*innen führen und etwas erschaffen kannst. Du bist glücklich, wenn du der Teil von etwas Großem sein kannst und die Fäden in der Hand hältst. Du stehst selten still und gibst dich ungern mit dem Status quo zufrieden. Du strebst nach mehr im Job, du freust dich über Lob und Anerkennung deiner Führungskraft. Damit verbunden ist oft auch die finanzielle Unabhängigkeit, du bist glücklich, wenn du dir materielle Dinge leisten kannst. Luxus zu genießen, ist für dich *deine* Form von Lebensglück.

Vielleicht rennst du aber schon dein Leben lang deinem Lebensglück hinterher. Du haderst mit dir selbst, merkst und siehst gar nicht, was dich wirklich glücklich macht. Auch hier geht es wieder um das System, die äußeren Faktoren, die Gesellschaft. Dabei sind all das nur Ablenkungen und Störfaktoren im eigenen Leben, die davon ablenken, sein eigenes, wirkliches Lebensglück zu finden.

Auch uns ist es nicht leichtgefallen, uns selbst zu finden. Wir haben einen langen Prozess hinter uns, der an vielen Stellen wehtat. Denn das wirkliche Lebensglück zu finden, bedeutet, zu reflektieren, hinzuschauen, zu hinterfragen. Für Christian und mich bedeutet Lebensglück in der Partnerschaft, dem jeweils anderen Liebe schenken zu dürfen. Liebe, die mehr als Beziehung bedeutet, Liebe, die eine wirkliche Partnerschaft ist! Auch wir waren lange auf der Suche nach dieser wahren Partnerschaft und unserem Glück.

Mit unserem Outing begannen unsere Sturm- und Drangzeiten. Wir wollten uns selbst ausprobieren. Das Gegenüber testen und selbst spüren, was man eigentlich wirklich will. Wir probierten uns in vielen wechselnden Beziehungen aus und fragten uns gleichzeitig immer, ob irgendwo anders das Gras vielleicht doch noch grüner war, ob es vielleicht doch jemanden gab, der *noch* besser zu einem selbst passte. Wurde eine Macke beim neuen Partner entdeckt, wurde sie zuerst drapiert, um sie anschließend zu filetieren. War sie zu stark ausgeprägt – und das war sie gefühlt immer –, wurde dieser Mensch wieder zum Teufel gejagt. Dabei war ich sogar eher jemand, der in Teilen krampfhaft an etwas festhielt, bevor ich es dann doch mit aller Macht von mir stieß. Christian dagegen, erkannte eine eventuelle Nichtkompatibilität ein ganzes Stückchen schneller. Und so wechselten wir munter über Jahre unsere Partner.

Alles begann an einem ungemütlichen Herbsttag, als ich vor meinem Computer saß. Damals, vor zwölf Jahren, war das Kennenlernen über das Internet noch lang nicht salonfähig. An Dating-Apps, wie wir sie heute kennen, war noch nicht zu denken, entsprechende Internetportale gab es zwar schon, waren aber noch wenig bekannt. Dabei ging es in ihnen um jegliche Form des Austausches – von schnellem Sex bis hin zur Beziehung war alles möglich. Ich war wieder mal auf einer dieser Plattformen unterwegs, als ich über das Bild eines gut aussehnenden, jungen Mannes stolperte. Ich war nie festgefahren in meiner Auswahl an Partnern. Es war mir egal, ob groß oder klein, ob blond oder braunhaarig, es musste ein Typ sein. Er musste etwas ausstrahlen, interessant wirken und ein Strahlen in den Augen haben. Und da war er also, ein solch potenzieller Kandidat, und ich schrieb ihn an. Wenig später folgte die Antwort, und wir wechselten einige Nachrichten. Er war Flugbegleiter, befand sich gerade von einem Flug aus L.A. zurück und saß etwas erschlagen und müde zu Hause. Ich schlug vor, dass wir doch einfach mal telefonieren könnten. Irgendwie interessierte mich dieser Typ, und ich wollte mehr von ihm erfahren. Gesagt, getan: Am Telefon quatschten wir, als wären wir schon ewig befreundet, die Themen gingen uns einfach nicht aus. Christian spricht heute davon, dass er sich am Telefon in eine Stimme verliebt hat. Er mochte meine Stimme und die Art, wie ich redete. Da er nur 30 Kilometer entfernt wohnte, kam es, wie es kommen musste, wir verabredeten uns für denselben Abend bei ihm zu Hause. Wenn meine Mutter wüsste, bei wie vielen unbekannten Männern ich zu Hause war, sie würde noch heute beide Augenbrauen hochziehen. Aber ich folgte immer meinem Bauchgefühl, das mich – Gott sei dank – in all den Jahren nie im Stich gelassen und beschützt hatte. Ich schnappte mir abends also meinen Golden Retriever Romeo und fuhr zu Christian. Romeo zog bei der Suche nach dem richtigen Partner damals immer. Schneeweiß und mit einem unfassbaren Gemüt, wickelte er jeden sofort um den Finger. Daran konnte ich beim anderen immer sofort erkennen, ob wir auch zu zweit willkommen waren. Ein Partner, der mit meinem Hund nicht klarkam, wäre für mich nie infrage gekommen.

Nicht nur Romeo wurde offen empfangen – wir hatten einen sehr schönen Abend! Romeo landete bei Christian nach kurzer Zeit auf dem Sofa. Wir quatschten lange und wanderten irgendwann ins Schlafzimmer. Es war schon spät, als er mich fragte, ob ich nicht dableiben wollte, was ich verneinte, da ich ja kein Futter für Romeo mitgenommen hatte. Für Christian wiederum war in diesem Moment klar, dass er mich nicht wiedersehen würde. Hätte mir der Abend gefallen, wäre ich in seinen Augen geblieben.

Er hatte allerdings nicht mit mir gerechnet, denn ich meldete mich am nächsten Tag wieder – auch am übernächsten und dem Tag danach. Drei Monate später hatte Christian seine Wohnung gekündigt und zog bei mir ein. Ich renovierte die alte Wohnung vor dem Auszug, wir verkauften viele unserer Möbel und richteten uns unser Nest neu ein – eine kleine Gartenwohnung am Rande von München.

Es gab damals genug Freund*Innen, aber auch Familie, die infrage stellten, ob das nach so kurzer Zeit wirklich Sinn ergeben würde, schließlich würden wir uns doch noch gar nicht richtig kennen. Wir verstanden die Aufregung allerdings nicht so recht. Wir wussten, dass es passte, und wir wollten es probieren. Wie

viele befinden sich Jahre in Beziehungen, bevor sie zusammen-
ziehen, und plötzlich stehen sie trotzdem vorm Scheitern? Dann
doch lieber unsere Version und keine Zeit im Leben verschwenden.
Mal abgesehen davon – warum wissen es eigentlich immer alle
besser? Warum lehnen sich immer alle mit ihren gut gemeinten,
oft aber ungefragten Ratschlägen so weit aus dem Fenster? Heute,
zwölf Jahre später, könnten wir jedem Zweifler stolz in die Augen
schauen, denn wir behielten recht mit unserer ganz eigenen Vorgehensweise. Unser Zusammenleben funktionierte großartig.

Aber nicht nur unser privates Leben passte zusammen, auch in
unseren Berufen befruchteten wir uns gegenseitig. Christian fing
an, mir die Welt zu zeigen. Außer Florida, Europa und Dänemarks FKK-Campingplätzen – die ich mit meinen Eltern in der
Jugend besuchen musste – hatte ich noch nicht allzu viel gesehen.
Und plötzlich saß ich mit ihm im Flieger nach Shanghai, Mexiko-
Stadt und Dubai Es war für mich eine unwirkliche Welt, ich
fühlte mich so ehrfürchtig und dankbar, das alles mit meinem
Partner erleben zu dürfen. Christian erging es aber genauso. Plötzlich hatte er mit der vermeintlichen Glitzer- und Glamourwelt
des Fernsehens zu tun. Er stand wie ein kleines Kind auf dem
roten Teppich und lernte die Stars dieser Welt kennen. Er fuhr
mit zu Dreharbeiten und war bei meinem damaligen Team ein
gern gesehener Zaungast im Studio. Schnell lernten wir beide aber
auch, dass neben aller Äußerlichkeit unserer Jobs auch nur mit
Wasser gekocht wird. Die Häufigkeit des Fliegens und der Druck
hinter einer Livesendung hat am Ende wenig mit Ruhm und Ehre
zu tun.

Schon früh gab es zwischen Christian und mir aber auch Rei-
bungen. Wir diskutierten, wir stritten und vertrugen uns. In den
Anfangsjahren waren diese Auseinandersetzungen sehr impulsiv.

Hier konnte es schon mal lauter werden, oder einer von uns nahm sogar Reißaus, um beleidigt das Haus zu verlassen. Wir waren weit davon entfernt, kultiviert Probleme anzusprechen und sie zu bearbeiten. Allerdings muss ich auch dazu sagen, dass ich früher überhaupt nicht bereit war, über meine Gefühle zu sprechen. Ein Problem, das sich bis dahin schon durch mein ganzes Leben gezogen hatte. Entweder fraß ich Probleme einfach in mich hinein, oder bearbeitete sie für mich selbst, ohne den anderen mit auf die Reise zu nehmen. Gerne wartete ich so lang, etwas anzusprechen, bis mein Eisberg ins Wanken geriet, womit ich mein Gegenüber komplett vor den Kopf stieß. Denn bis zu diesem Moment zeigte ich keinerlei Anzeichen für einen aufkommenden Sturm.

Christian überforderte mich jahrelang damit, immer über Dinge zu sprechen. Dass wir schon damals beide zwei überseminarierte Führungskräfte waren, die von der Pike auf gelernt hatten, wie man sich in schwierigen Gesprächen verhält und artikuliert, half dem Ganzen dabei nicht wirklich. Die Floskeln und Phrasen, die uns in diesen Seminaren eingetrichtert wurden, trieben mich in den emotionalen Wahnsinn, weshalb ich in einem Streit sogar eher noch dichter machte oder gleich komplett schwieg. So kamen wir zu einem Moment in unserer Beziehung, an dem es nicht weiterzugehen schien. Christian lernte jemand anderen kennen, der ihm für einen kurzen Augenblick die Aufmerksamkeit schenkte, die er zu Hause von mir gerade nicht mehr erhielt. Er warf mir ebenfalls vor, dass ich seinen Lebenstraum nicht teilen wollte. Es ging für ihn dabei um das Thema Heirat. Irgendwann in einem unserer Auseinandersetzungen sprudelte aus ihm heraus, dass ich ihn nicht heiraten wollte. Das traf mich wie ein Hammer. Wie kam er dazu? Ich wünschte mir doch nichts sehnlicher als *diesen* Mann an meiner Seite, den ich natürlich auch heiraten wollte. Als ich über diesen Vorwurf nachdachte, merkte ich, dass ich den Kopf vor Angst einfach eingezogen hatte. Die Zeit war verstrichen, und ich hatte einfach nicht hingesehen. Aber gleichzeitig war ich eben doppeltes Scheidungskind, meine Mutter hatte dreimal in ihrem Leben geheiratet. Sicherlich war das einer der Hauptgründe, warum ich nicht gerade vorangeprescht war. Ich hatte die ganze Zeit gewartet! Ich hatte auf den Richtigen gewartet, ohne mich damit zu beschäftigen, wie ich *richtig* überhaupt definiere. Ich wollte wahrscheinlich nur nicht die Fehler meiner Mutter wiederholen, ich wollte es besser machen. Dabei hatte ich die Zeit vergessen. Ich hatte nicht gesehen, dass *der* Richtige schon längst da war, ich hätte nur zugreifen müssen.

Jetzt galt es aber erst einmal, für die am Boden liegende Beziehung zu kämpfen. Nachdem wir uns zu Hause fast sechs Wochen lang aus dem Weg gegangen waren, schnappte ich mir meinen Romeo und unsere Hasen – ja, wir hatten gemeinsame Hasen – und drehte einen Film für Christian mit der Rede meines Lebens. In sprach zum ersten Mal über all die Dinge, die ich in unserer Beziehung sah, die ich an ihm sah. Ich erzählte, was ich fühlte, wie ich dachte und was ich wollte. Der Vorteil war, dass es mir schon immer leichter fiel, meine Gefühle in Briefen oder Filmen mitzuteilen. Es gab keine Zwischenrufe, keine rhetorischen Angriffe, und die erste Gefühlswelle von Christian fand nicht in meiner Gegenwart statt.

Christian sah das Video bei einem seiner Flüge, im Hotelbett in der Türkei, und musste dicke Tränen vergießen. Nie hatte jemand einen solchen Aufwand für ihn betrieben, nie war jemand ehrlicher und offener gewesen, nie hatte ihn jemand so ehrlich angesprochen. Und er wusste in dem Moment, dass er mich nicht gehen lassen konnte. So schickte er mir eine Nachricht, dass wir reden sollten.

Ich hatte bis dahin panische Angst, dass ich den Zeitpunkt verpasst hatte und dass es einfach zu spät war. Doch an diesem Abend nach seiner Rückkehr redeten wir stundenlang. Wir sprachen über Erwartungen, über Träume, über Glück und über gemeinsame Ziele. Nach 34 Jahren der *Stille*, in der ich meine Gefühle und meine Ängste immer eher zurückgehalten hatte, war es wie ein Befreiungsschlag. Ich musste in diesem Moment nicht funktionieren. Es wurde keine Erwartungshaltung in meine Worte gelegt. Ich durfte einfach *Ich* sein und mir die Seele frei reden. Es war, als hätte Christian einen Schalter umgelegt.

Ich hatte verstanden, dass ich im Leben nur glücklich werden konnte, wenn ich aufhöre, alles in mich hineinzufressen. Denn weder in der Partnerschaft noch allein hatte ich in der Vergangenheit auf diese Weise mein wahres Glück gefunden. Ich war ein Getriebener meiner eigenen Zurückhaltung und bremste mich quasi täglich aus. Aber auch Christian hatte gelernt, dass die Wahrheit der Gefühle nicht immer nur im Gesagten liegt. Hatte er es vorher nur in Zügen gesehen, erkannte er, dass hinter meiner Fassade – einem Kulissendorf – ein unglaublich sensibler und verletzlicher Kern liegt. Wir waren bereit, den vielleicht schwierigeren Weg zu gehen und es nochmal zu probieren, statt die Beziehung wegzuwerfen und uns erneut auf die Suche nach dem grüneren Gras zu machen.

Wir nahmen uns also an die Hand und begannen einen Neustart. Und es war tatsächlich so, als würden wir uns wieder neu kennenlernen und neu ineinander verlieben. Ja, sogar Schmetterlinge wuchsen plötzlich wieder im Bauch. Uns war bewusst, dass wir nicht in alte Muster zurückverfallen durften, dass ein Berg Arbeit vor uns lag – aber wir waren bereit für uns!

Im Sommer 2013 flogen wir in den Cluburlaub nach Kreta. Und ich, aber nur ich, wusste, dass es ein Urlaub werden würde, der *alles* veränderte. Denn ich hatte in minutiöser Akribie meinen Hochzeitsantrag an Christian vorbereitet. Ich hatte erneut einen Film gedreht, die Location und den Ablauf des Abends mit einem Club besprochen, wo alles stattfinden sollte. DJ Gabi hatte meinen USB-Stick erhalten, und nun galt es nur noch, abzuwarten. Cleverer Weise war die Party am vorletzten Abend, was meinen Urlaub nicht gerade entspannter machte. In dem Fall war es tatsächlich mal hilfreich, dass ich die Pokerfacenummer ziemlich gut beherrschte, denn am Abend des Antrags rechnete Christian tatsächlich mit nichts. Er wunderte sich zwar, warum auf der Tanzfläche ein dickes Kreuz auf dem Boden klebte – er kannte solche Markierungen von meiner Arbeit beim Fernsehen –, dass er aber wenig später hier stehen würde, daran dachte er nicht im Traum.

Und so kam es, wie ich es geplant hatte: Es lief der besprochene Song, Christian verließ die Location um aufs Klo zu gehen und kam erstmal nicht zurück.

Später sagte er, dass er eigentlich gar keine Lust mehr hatte und sich deshalb Zeit ließ. Meine Rettung war eine Familie, die wir im Urlaub kennengelernt hatten. Die Tochter machte sich auf die Suche nach Christian und zerrte ihn lautstark vom Klo. Er verstand die Welt nicht mehr und ging widerwillig mit ihr zurück in Richtung Partylocation. Dort angekommen, nahm ich ihn an der Hand, bugsierte Christian auf die Tanzfläche und der Film begann. Er erkannte sofort *unser* Lied »Without You« von David Guetta, und es folgte der Moment, den er sich so sehr in den vergangenen Jahren gewünscht und erhofft hatte. Ich fragte ihn, ob er mich heiraten würde. Tränenüberströmt rief er laut »Ja«, und wir lagen uns minutenlang in den Armen. Eine tiefe Zufriedenheit, das Wissen, den richtigen Schritt gemacht zu haben, machte sich bei mir breit. Ich war unfassbar glücklich und erleichtert.

Am kommenden Morgen stand ich am Kaffeeautomaten, als mich plötzlich jemand von hinten am Hemd zog. Ich drehte mich um, und vor mir stand eine kleine, ältere Dame und schaute mich mit hochgezogener Augenbraue an. Sie sagte: »Sie, junger Mann, waren Sie das mit dem Antrag gestern?« Mir rutschte das Herz in die Hose. Ich hatte schon oft darüber nachgedacht, wie andere Menschen darauf reagieren würden. Warum? Weil wir zwei Männer sind und heiraten wollen! Es war wieder einer der Momente, in dem ich an die Gesellschaft dachte, und mich darauf vorbereitete, mit aufkommendem Gegenwind umzugehen. Wieder ging es um Mut und darum, zu ignorieren, was für negative Reaktionen von außen kommen. Negative Reaktionen auf die Liebe zweier Menschen, die sich noch tiefer verbinden wollen. Denn wer möchte schon bei seinem eigenen Hochzeitsantrag irgendwelche Buhrufe hören? Es erinnerte mich an die Episode auf der Parkbank, als sich eine ältere Dame neben mich und meinem damaligen Freund setzte. Nachdem ich ihre Frage bejaht hatte, schaute sie mich lächelnd an und sagte: »Das war ganz unglaublich toll. Ich wünsche Ihnen beiden alles Gute!«

Ein Freund von uns, 80 Jahre alt, der über 40 Jahren mit seinem Partner zusammen war, hatte damals zu uns gesagt: »Christian, Bjoern, heiratet nie! Es ist der Anfang vom Ende! Fallt besser nicht auf, ihr müsst euch verstecken«, erklärte er uns mal an einem Abend. Er hatte mit seinem Partner eine Beziehung im Verborgenen gelebt. Beide hatten Karriere gemacht, und es hätte deren Ende bedeutet, wenn sie sich offiziell als Paar geoutet hätten. Nur sehr enge Freunde wussten von der Beziehung, selbst die eigene Familie blieb im Unklaren. Doch der Ratschlag unseres Freundes erschreckte uns. Meinte er das wirklich ernst? Die Gesellschaft war doch viele Kilometer weiter, seine Angst saß aber wohl zu tief. Er hatte erlebt, was es heißt, homosexuell zu sein. Denn bis 1994 waren *homosexuelle Handlungen* in Deutschland tatsächlich strafbar, was im Paragrafen 175 festgehalten war. Die Bundesrepublik hatte bei ihrer Gründung 1949 die NS-Fassung des Paragrafen weitgehend übernommen. 1957 wurde der Paragraf sogar durch das Bundesverfassungsgericht als mit dem Grundgesetz im Einklang stehend bestätigt. Es wird von über 60.000 Männern gesprochen, die in dieser Zeit verurteilt und somit als Verbrecher stigmatisiert wurden.

Für uns war es unvorstellbar, unsere Liebe vor der Außenwelt zu verstecken. Wie alle anderen heterosexuellen Paare waren wir stolz auf unsere Verbindung, auf uns. Natürlich wollten wir der Welt zeigen, dass wir zusammen sind, und auch, dass wir heiraten. Dass wir damit nicht nur Freunde finden, war uns dabei klar.

Unsere Hochzeit fand 2014 in einer kleinen Gemeinde, in direkter Nähe von München statt. Es war der wohl wärmste und schönste Märztag seit Beginn der Wetteraufzeichnung. Die Standesbeamtin war sehr aufgeregt und freute sich, die für sie immer noch rechtlich besondere, neue Form der Liebe verbinden zu dürfen. Vor dem Gesetz hieß es damals noch Lebenspartnerschaft – ein *großartiges* Alleinstellungsmerkmal unserer damaligen Politik. Erst Jahre später folgte die endgültige Anerkennung und die Möglichkeit der *Umwandlung* in die Ehe. Wir hatten im Vorfeld viel mit Freund*innen und Familie über das Heiraten gesprochen, auch über Generationen hinweg. Ich finde es immer sehr interessant, mich mit den betreffenden Themen auseinanderzusetzen und die Dinge zu hinterfragen. Der eigene Horizont bekommt so jede Möglichkeit zu wachsen, man muss es nur zulassen.

Spannend fand ich all die unterschiedlichen Gefühle und Ansätze zum Thema Hochzeit. Denn die Gründe, warum Menschen heiraten, sind breit gefächert. In älteren Generationen kam es vermehrt zu Zweckgemeinschaften. Die Dinge waren, wie sie waren, so wie man sich über die Jahre eben auch daran gewöhnt hatte. Eine Trennung war ausgeschlossen. Heute heiraten viele, weil es steuerliche Vorzüge hat und man sich dadurch finanziell verbessern kann. Ebenso geht es oft um die Absicherung des Partners, denn geerbt werden kann in einer Lebensgemeinschaft nur, wenn ein Testament vorliegt. Manche heiraten, weil sie sich nur als Eheleute in der Gesellschaft akzeptiert fühlen, weil es vielleicht auch zum guten Ton gehört. Doch für uns bedeutete die Hochzeit etwas ganz anderes. Wir drücken damit unsere Liebe, unsere Zugehörigkeit zum jeweils anderen aus. Wir sehen bis heute die Ehe als starke, symbolische Geste. Wir möchten der ganzen Welt zeigen, dass wir ganz offiziell zusammengehören.

Viele Menschen aus unserem Umfeld erzählten uns damals, dass sich mit ihrer Hochzeit für sie nichts verändert hatte. Bei uns trat das Gegenteil ein. Mit dem Heiratsantrag und der Hochzeit wurde unsere Liebe auf ein neues Level gehoben. Wir fühlten uns noch einmal tiefer verbunden. *Ja zueinander zu sagen* hat uns viel bedeutet. Wir fühlen uns gegenüber seitdem noch einmal mehr verpflichtet, ohne dass wir das gleichzeitig als Druck empfanden. Wir sind diese Verpflichtung gerne eingegangen, denn wir hatten den richtigen Menschen an unserer Seite gefunden. Unsere Heirat ist das Bekenntnis, den anderen bis zum Lebensende zu lieben, und daran möchten wir auch glauben. Die Wertigkeit unserer Beziehung ist für uns dadurch gestiegen.

Für uns ist die Suche nach dem grüneren Gras ein für alle Mal beendet! Denn wir haben über die Jahre gelernt und akzeptiert, dass diese Suche sowieso aussichtslos ist. Sie kann nie zum Ziel führen. Es gibt dieses Gras einfach nicht! Und diese Erkenntnis würden wir so gerne vielen Menschen schenken. War Internet-Dating damals noch nicht salonfähig, ist diese Form der Beziehungssuche heute schier explodiert. Gleichzeitig sind wir zu einer wahren Wegwerfgesellschaft von potenziellen Beziehungen geworden.

Eine andere, scheinbar bessere Grassorte ist nur einen Fingerwisch entfernt. Dabei vergessen wir Raum und Zeit und tauchen ein in einen Strudel, der sich unaufhaltsam weiterdreht. In meinem Umfeld beobachte ich, dass ein Ausstieg über die Jahre immer schwerer wird, und die wenigsten kommen wirklich zu ihrem gewünschten Ziel.

Eine Freundin, seit langen Jahren Single, saß an einem lauen Sommerabend mal bei uns auf dem Balkon und erzählte davon, dass sie einen ganz coolen Typen in einer Dating-App kennengelernt hat. Sie würden schon eine geraume Zeit hin- und herschreiben. Er wäre endlich mal ein recht normaler Kerl, mit normalen Ansichten und einer schönen Einstellung zum Leben. Sätze, die wir schon lange nicht mehr so von ihr gehört hatten. Nachdem sie das alles erzählt hatte, ließ sich trotzdem irgendwie ein *Aber* in ihrer Geschichte heraushören. Wir fragten sie danach und ihre Antwort lautete: »Er hat blaue Augen.« Darauf fiel uns dann auch keine gute Antwort mehr ein. Für uns war diese Geschichte unbegreiflich, und sie beschäftigte uns noch lange. Wie konnte, nachdem man jahrelang als Single auf der Suche war, ein einziges, äußerliches Merkmal wie die Augenfarbe zur Abneigung des gesamten Menschen führen? Natürlich wissen wir, dass hinter dieser Ablehnung, die vorgeschoben scheint, noch ganz andere Beweggründe wie zum Beispiel Angst vor einer Bindung liegen. Und trotzdem zeigt es, wie wir Menschen mittlerweile mit Menschen, mit Beziehung, mit Liebe umgehen und wie wir uns hinter unseren eigenen Ängsten verstecken. Gleichzeitig werden wir aber immer älter, und damit wachsen auch unsere Ansprüchen an eine Partnerschaft. Ein Kreislauf, der nicht funktionieren kann.

Der erste Schritt, eine Beziehung einzugehen, fällt uns mit dem Älterwerden nicht unbedingt leichter. Auf der einen Seite wünschen wir uns vielleicht nichts sehnlicher als einen liebenden Partner. Auf der anderen Seite sind wir nach Jahren des Suchens vielleicht auch müde, immer wieder von vorne zu beginnen und unsere ganze Geschichte zu erzählen. Wir scheuen oft, emotional in eine Beziehung zu investieren, weil wir wissen, ein großes Risiko damit einzugehen. Wir müssen unser Inneres offenlegen und werden vielleicht mit den Füßen getreten. Wir entwickeln Gefühle, die irgendwann eventuell nicht mehr erwidert werden. Wir lassen uns fallen, werden nicht aufgefangen und stürzen ins Bodenlose. Wir können nicht wissen, was sich entwickeln wird, und genau das schreckt uns oft ab. Natürlich kann man sich so gut verstecken, denn aus emotionaler Sicht spricht viel dagegen, sich auf eine Beziehung einzulassen. Ausreden gibt es zumindest genügend.

Es gibt aber natürlich auch Menschen, die glücklich darüber sind, allein zu sein, die gut mit sich und der Welt leben können. Sie genießen ihr Leben, ohne sich von jemand anderem abhängig zu machen. Und ich kann gut nachvollziehen, dass es definitiv auch Vorteile haben kann, nicht jeden Abend die Klamotten vom Partner im Bad aufsammeln zu müssen.

Der Umzug aufs Land war für uns ein weiterer Schritt in unserer Partnerschaft. Wer denkt, dass uns als Lebemenschen nur das Stadtleben mit Partys, Restaurant- und Cafébesuchen erfüllt, der liegt weit daneben. Wir hatten so unendlich viele Partys in unserem Leben. Wir beide hatten uns ausgetobt, die Nächte durchgemacht und immer mehr nach Auszeiten gesucht. Der Schritt war, mal abgesehen von einer Verdopplung der Quadratmeteranzahl, ein Schritt in Richtung gesteigerte Lebensqualität. Hier hatten wir endlich die Möglichkeit, Luft zu holen und das Leben auf eine andere Weise zu genießen. Dass dieser Schritt zu Beginn ein innerer Kampf meines Mannes wurde, habe ich bereits erzählt. Doch dieser Umzug bedeutete für uns auch eine weitere Festigung unserer Partnerschaft. Gemeinsam diesen Schritt zu gehen, beflügelte uns.

Wir werden öfter gefragt, ab wann wir uns eigentlich als *Familie* fühlten und ob das Gefühl erst mit Einzug unseres Kindes kam. Das stimmt so nicht ganz, wir hatten uns schon viel früher als *Familie* bezeichnet. Für uns ist *Familie* – genauso wie *Papa*- oder *Mamasein* – ein Gefühl. Uns geht es um Zugehörigkeit, füreinander da zu sein, Zeit miteinander zu verbringen, sich zu Hause zu fühlen. Wir sprachen schon viele Jahre über uns als Familie, Romeo und seinen Nachfolger Anton, immer mit eingeschlossen.

Obwohl wir zu diesem Zeitpunkt bereits sechs Jahre zusammen und drei Jahre verheiratet waren, entdeckten wir ganz andere Seiten an uns. Auch diese Phase in unserem gemeinsamen Leben katapultierte uns auf ein ganz neues Level. Zur gleichen Zeit, als hätte irgendjemand den Schalter zum Losrollen umgelegt, begannen wir, über unseren Kinderwunsch zu sprechen. Es ging in den Gesprächen um unsere eigene Kindheit, wie und mit wem wir aufgewachsen waren und wer uns *wie* in diesen Jahren beeinflusst hatte. Ich begann, Christian noch einmal ganz anders zuzuhören. Und auch Christian schenkte mir eine Aufmerksamkeit, die ich bis dahin noch nicht erlebt hatte.

Wir bemerkten, dass wir so manche Einstellungen, Werte und Überzeugungen plötzlich verknüpfen konnten. Auf einmal ergaben eine gewisse Zurückhaltung, manches Hadern und auch Angst mit dem Blick auf unsere Vergangenheit einen Sinn. Ich bin mir sicher, dass wir uns nie so innig hätten kennenlernen können, wenn wir den Weg des Kinderkriegens nicht eingeschlagen hätten. All die Fragen, in denen es um Zugehörigkeit, Bindung, aber auch um die Meteoriteneinschlägen unserer Vergangenheit ging, die wir gemeinsam auf dem Weg zum Ziel bearbeitet haben, hätten wir uns unser Leben lang nie gestellt. Dieser ganze Prozess hat unseren Horizont verändert. Sind wir vorher schon respektvoll miteinander umgegangen, so ist in dieser Zeit der Respekt dem anderen gegenüber noch mal stark angestiegen. Wir wünschen allen werdenden Eltern, dass auch sie die Möglichkeit haben, gemeinsam zu reflektieren, sich intensiv auszutauschen und sich gegenseitige infrage zu stellen. Klar, uns ging dieser Prozesse damals vielleicht manchmal auf die Nerven, doch wir haben viel daraus gelernt – was wir gemeinsam wollen, aber vor allem auch, was wir eben nicht wollen. Christian und ich waren auf der Suche nach dem berühmten Deckel gewesen. Wobei wir uns beide nicht als Topf, sondern eher als Wok bezeichnen würden. Zumindest gestaltete sich die Suche – wie bei so vielen Menschen – als etwas holpriger. Die Erinnerungen, die wir bis heute gemeinsam schaffen, sind das Wertvollste, das wir besitzen. Wir sorgen aktiv immer und immer wieder für Bereicherungen in unserem Familienleben.

In den letzten Jahren sind uns viele Neider begegnet, die versucht haben, uns Steine in den Weg zu legen. Wir haben uns ungefragt so unendlich viele Meinungen anhören müssen. Zwei Männer und ein Kind – das muss nach außen wohl so wirken, als bräuchten wir irgendwie erhöht Unterstützung. Wir kämpfen in der Öffentlichkeit laut für Toleranz, Respekt und Anerkennung. Wir würden uns wünschen, dass irgendwann eine Zeit kommt, in der man als homosexuelles Paar in der Öffentlichkeit nicht mehr angeschaut und verurteilt wird. In der wir nicht mehr über Normen oder das Interpretieren von Religionen philosophieren müssen.

Einen Menschen, den man liebt, in den Arm nehmen können, ohne dass sich auch nur *eine* Person umdreht – ein schöner Gedanke! Stellen wir uns doch eine Welt vor, in der alle Familienmodelle eine Daseinsberechtigung haben und ausnahmslos akzeptiert werden. In der wir nicht mehr fürchten müssen, dass unsere Kinder gemobbt werden, nur weil sie zwei Mamas oder zwei Papas haben, weil sie alleinerziehend oder in einer Patchworkfamilie aufwachsen. Die Angst vor dieser Ausgrenzung ist gleichzeitig die Waffe der Gegenseite. Würden wir alle selbstbewusst nach vorne treten und unsere Kinder offen begleiten, die Welt wäre unendlich viel bunter. Ja nicht anecken, bitte nicht auffallen ist die Devise. Diese Strategie, die für uns vorerst einfacher erscheint, geht auf unsere Kosten und auf die der kommenden Generationen. Diese sitzen weiterhin in einem Sumpf des Durchschnitts, werden in einen Rahmen gepresst, aus dem sie nur mit Kraftanstrengung wieder ausbrechen können. Ohne es zu Beginn als Ziel zu sehen, sind wir beide zu Vorbildern unserer Generation geworden.

KAPITEL 11

Von Wegbegleiter*innen und Besserpisser*innen

Die Sonne scheint, es ist warm, weshalb wir heute auf den Spielplatz gegangen sind. Ich habe mich brav an den Rand gesetzt und schaue dem emsigen Treiben zufrieden zu.

Lukas hat gerade Valentin, einen Jungen in seinem Alter, kennengelernt. Nachdem sie sich geeinigt haben, wer die Rolle des Gauners und wer den Polizisten spielen darf, rennen sie lauthals rufend um das Spielgerüst herum. Nach einiger Zeit wird Lukas langsamer, und ich sehe, dass sein Schnürsenkel aufgegangen ist. Ich rufe ihn, und er kommt langsam in meine Richtung gelaufen. Als ich ihm helfe, seinen Schuh wieder zuzuschnüren, schaut er in die Richtung von Valentin und sagt: »Papa, ich muss jetzt aber echt wieder zu meinem Freund.«

Wenn wir in unsere eigene Kindheit zurückblicken, dann war damals das Wort *Freund* ein schon fast inflationärer Begriff. Ich bezeichnete schnell andere Kinder als Freund*innen, empfand auch schnell wirkliche Sympathie und baute Vertrauen zu einem anderen Menschen auf. Ich stellte wenig Fragen, war nicht misstrauisch und genoss unbewusst meine kindliche Naivität. Dieser Zustand hielt noch lange an. In meiner Anfangszeit in München war ich Mitte 20 und hatte einen großen Freundeskreis. Ich saß ganze Wochenenden in Straßencafés, trank Latte Macchiato und philosophierte unbedarft über das Leben. Neue Menschen wurden mit herzlichen Hallo aufgenommen und sofort integriert. Ich sah damals bei niemandem etwas Böses, niemand wurde kritisch beäugt, in Schubladen gesteckt oder vorab verurteilt. In dem Alter hatte ich gerade mal ein kleines Sideboard mit Schubladen aufgebaut, keine ganze Wand. Große Diskussionen oder sogar Streit wegen unterschiedlicher Ansichten gab es nicht wirklich. Und wenn es dann doch mal eskalierte, dann lag es meist an der Impulsivität des jungen Alters.

Ich habe beobachtet, wie sich dieser Zustand in den folgenden zehn Jahren bei meinen Freund*innen und mir eklatant veränderte. Eine Mischung aus negativen Erfahrungen, beruflichem Druck und persönlichen Eigenheiten sorgte dafür, dass wir langsam, aber unaufhaltsam immer vorsichtiger und gleichzeitig auch verschlossener wurden. Auch unsere Ansprüche an andere Menschen wuchsen von Jahr zu Jahr. Mit der Zeit erlebten wir immer mehr Enttäuschungen. Wir mussten lernen, dass ein Lächeln oft nicht ernst gemeint war, sondern eher zum eigenen Vorteil ausgenutzt wurde. Viele von uns wurden getäuscht und manchmal sogar richtig verarscht. Gleichzeitig veränderten sich die eigenen Verhaltensweisen. Der Aufstieg im Job sorgte ebenfalls dafür, dass wir immer mehr mit Oberflächlichkeit, Missgunst und Egoismus zu tun hatten.

Klar ist, dass jeder Freundschaft anders definiert. Der Grat zwischen Bekanntschaft und Freundschaft ist schmal. Auch das Bedürfnis, wie viele Freund*innen man braucht, ist völlig unterschiedlich ausgeprägt. Reichen dem einen eine Handvoll, muss es beim anderen ein ganzes Rudel sein. Während der eine mit ein paar guten Gesprächen – verteilt auf Wochen oder Monate – zufrieden ist, wünscht sich der andere engen und täglichen Kontakt zu seinen besten Freund*innen.

Christian war bei uns beiden schon immer der Offenere. Früher war für ihn ein freier Tag perfekt, wenn er gleich mehrere Kaffee-Dates ausmachen konnte. Er kam mit jedem ins Gespräch und hasste es, allein zu Hause zu sitzen. Christian besitzt die Gabe, sich mit Menschen zu verbinden. Durch seine immer freundliche Art schart er schnell jeden um sich. Allerdings kann dieser gesellschaftliche Vorteil auch sehr schnell zum eigenen Nachteil werden. Denn oft ging es bei ihm in den letzten Jahrzehnten mehr um die Quantität als um die Qualität. Und so gut er auch mit anderen konnte, so schlecht war er darin, Zeit mit sich selbst zu verbringen.

Vielleicht ist es auch meinem Einzelkind-Dasein geschuldet, dass ich es schon immer ganz gut Zeit mit mir selbst verbringen konnte. Ich brauche Auszeiten, Ruhe und Stille wie Luft zum Atmen. Mir fällt es leicht, allein wegzufahren und mit dem Blick auf ein Bergpanorama meinen Kopf aufzuräumen. Dabei hatte ich früher ebenfalls viele Freunde, stellte aber mit der Zeit fest, dass es sich lohnt, genauer hinzuschauen. Im beruflichen Umfeld mag ich auch Oberflächlichkeiten, doch in Freundschaften ist mir die Tiefe wichtig, in denen ich mich nicht verstellen möchte. Nicht jeder Mensch passt dazu, und so habe ich einige wenige Menschen um mich herum, die mich so nehmen wie ich bin und genau wissen, was sie von der Freundschaft mit mir haben. Christian und ich schöpfen auf andere Art und Weise Energie. Die beiden Varianten sind komplett unterschiedlich, ein Richtig oder Falsch gibt es nicht.

In den Jahren unserer Beziehung, aber auch durch Faktoren wie Beruf oder Kind, veränderten wir uns in Bezug auf Freundschaften. Während sich meine Verhaltensweisen in diesem Bereich eher verstärkten, wich Christian von seinem bisherigen Muster ab. Zu Beginn unserer Beziehung war es ihm noch wichtig, dass ihn und uns jeder mochte. Regelmäßig bekam ich von ihm böse Blicke bei ach so tollen Partys, wenn ich mich – genervt von der Selbstdarstellung eines vermeintlichen Superstars – lieber am Buffet mit dem derangierten Mettigel austauschte. Allerdings empfinde ich es auch als sehr angenehm für mich. Immerhin erzählte mir nicht jeder sofort seinen vollständigen Lebensmüll. Menschen gingen zurückhaltender und vorsichtiger mit mir um. Vielleicht habe ich so in meinem Leben viele tolle Menschen auch verscheucht, doch wer sich nicht tiefer auf mich einlassen will, bekommt von mir auch keine weitreichende Aufmerksamkeit. Der Invest, ohne zu wissen, was am Ende rauskommt, ist mir einfach zu hoch.

Christian merkte dagegen immer mehr, dass nicht jede sogenannte Freundschaft auch eine war. Mit dem Älterwerden stolperte er über viele toxische Verbindungen, die er im Laufe der Jahre angesammelt hatte. Seine Investitionen an Vertrauen und Sympathie führten an vielen Stellen nicht dazu, dass er zufrieden war. Er konnte immer mehr verstehen, warum ich an vielen Stellen eher zurückhaltender war, als mich sofort zu öffnen und Nähe zuzulassen. Doch unsere Partnerschaft stellte sich aber auch an diesem Punkt als große Bereicherung heraus, denn der *perfekte* Weg liegt wohl irgendwo zwischen Party *und* Mettigel. Wenn sich Christian heute mal wieder in irgendwelchen oberflächlichen Kontakten verliert, hole ich meinen kritischen Blick heraus, und er versteht die Zeichen. Und wenn mein Austausch mit dem Mettigel mal zu intensiv wird, beförderte er mich wieder in den Mittelpunkt des sozialen Austauschs.

Bedingt durch unsere Lebensereignisse, veränderten sich über die Jahre auch die Freundschaften. Es passierte schleichend und hatte zu Beginn vor allem mit unserem beruflichen Erfolg zu tun. In jungen Jahren hatten wir gemerkt, dass uns unsere Jobs oft zum Mittelpunkt der Gespräche machten. Wir erzählten ja auch gerne aus unserem Arbeitsleben. Die Glitzer- und Glamour-Welt beider Branchen zog die Menschen wie Magnete an. Mit dem Aufstieg mussten wir allerdings auch feststellen, dass bei all den interessierten Gesichtern oft Oberflächlichkeit im Vordergrund stand. Denn wenn wir mal erzählen wollten, wie es wirklich in unserem Inneren aussah, hörte plötzlich niemand mehr zu. Wir beide spürten, dass die Berufsbilder etwas vermittelten, was nicht viel mit der Realität zu tun hatte. Die Empathie unserer Gesprächspartner*innen hört meist auf, wenn Christian erzählte, wie unschön es ist, wenn man in Shanghai nachts um 3 Uhr nicht mehr schlafen kann, weil der Körper eigentlich noch in einer anderen Zeitzone zu Hause ist. Auch die Vorstellung, die Gesamtverantwortung über eine stundenlange Livesendung zu haben, die auch noch in mehrere Länder ausgestrahlt wird, war begrenzt. Da waren die bunten Geschichten über Jason Statham, Robert Pattinson oder Brad Pitt spannender. Ich merkte, wie ich immer häufiger die Lust verlor, etwas in die vermeintliche Freundschaft zu investieren, und ließ sie oft einfach einschlafen. Ich wollte mich gerne austauschen. Es gab so viel wichtigere Themen wie Familie, Zukunft oder Träume, über die man sich hätte austauschen können. Oft war mir der tatsächliche Output der Gespräche einfach zu einseitig.

Die nächsten Brüche kamen, als Lukas bei uns einzog. Wenn man plötzlich über Windeltüten und Feuchttücher nachdachte, statt über das perfekte Partyoutfit, kommen eben nicht mehr alle mit. Unser Lebensmittelpunkt verschob sich in dieser Zeit komplett, plötzlich waren wir nicht mehr so spontan, und unser Leben fand eher an Vor- und Nachmittagen statt, während Lukas dazwischen seinen friedenstiftenden Mittagsschlaf benötigte. Gespräche am Telefon zu normalen Tageszeiten bestanden aus abgehakten Themen, die allzu oft von Kindergeschrei unterbrochen wurden. Auch waren wir geneigt, eher über den Stuhlgang unseres Sohnes als über die geplante Kantinenerweiterung von unseren Arbeitgebern zu philosophieren. Früher hatten wir es nicht verstanden, dass Freund*innen und Bekannte mit Kindern sich in ihre ganz eigene Seifenblase zurückzogen, nun saßen wir urplötzlich selbst in einer. Für unsere Freund*innen ohne Kinder war diese Veränderung schwer nachvollziehbar. Wir merkten schnell, dass sich einige Menschen rar machten. Da sich aber unsere Prioritäten verschoben und wir etwas ganz anderes dazugewonnen hatten, konnten wir damit gut umgehen. Wir verloren an einigen Stellen, währenddessen gewannen wir ganz neue Menschen dazu. In dieser Zeit ging es uns vor allem darum, dass wir als Eltern Verständnis und Bestätigung suchten. Und das fanden wir natürlich vor allem bei anderen Eltern. Bei ihnen wussten wir, dass sich niemand beschwerte, wenn das Telefonat mitten im Satz abgebrochen werden musste, weil der Nachwuchs meinte, Labrador Anton mit Fingerfarbe das Ohreninnere blau malen zu müssen. Auch urplötzliche Aufbrüche am späten Nachmittag, der Kaffee vielleicht noch warm und der Kuchen halb angebissen, weil wir eine aufkommende Eskalation gepaart aus Hunger und Müdigkeit erahnen, werden in Kreisen von Eltern mit kleinen Kindern lediglich mit einem verständnisvollen Nicken quittiert.

Wir begannen, die Lust zu verlieren, uns immer wieder verteidigen zu müssen. Vor allem, wenn es darum ging, dass wir als Eltern genügend Schlaf bekamen, klinkten sich viele ohne Kinder mit Unverständnis aus. Man hatte es früher ja auch mit weniger Schlaf geschafft. Dabei mag ich einfach nicht mehr diskutieren, wenn *ich* der Meinung bin, an einem schönen Abendevent gehen zu wollen. Der Abend war toll, aber ich brauche meinen Schlaf, wenn am nächsten Tag wieder meine ganze Aufmerksamkeit als Drache, Ritter und Papa benötigt wird, und das im Zweifelsfall ab fünf Uhr morgens.

Die größte Veränderung erlebten wir aber vor allem durch die Verschiebung unserer Prioritäten. Als wir begannen, die Gespräche über unseren Kinderwunsch zu führen, und anfingen zu hinterfragen, was uns wirklich glücklich macht, stellten wir unweigerlich einige Freundschaften infrage. Das führte dazu, dass wir uns von einigen Menschen abgewandt haben, denn natürlich hatten wir uns bis dahin mit vielen karrierewilligen Überflieger*innen umgeben. Wir wollten auch privat nicht mehr jeden Tag über unsere Arbeit sprechen. Uns regten viele Dinge in unseren Firmen plötzlich nicht mehr auf, weil sie uns egal wurden. Wir verließen die Büros und waren einfach nur Papas. Die Inhalte von Gesprächen mit Freunden, wenn wir mal ein kinderloses Abendessen hatten, wurden tiefgreifender. Es drehte sich nicht mehr um den Job, es ging viel mehr um Momentaufnahmen, um Freude und das eigene Glück.

Auch die Schicksalsschläge der vergangenen Jahre veränderten unsere Einstellung zu Freundschaften. Denn wenn es um Krankheiten oder sogar Tod im Familien- und Freundeskreis geht, beginnt man spätestens zu diesem Zeitpunkt, sein eigenes *Lebenssystem* zu hinterfragen. Auf der einen Seite vermeintlich schade, dass es diese Momente geben muss, damit man überhaupt dazu kommt, nachzudenken, auf der anderen Seite kann man wohl froh sein, dass man überhaupt anfängt nachzudenken. Uns haben einige dieser Momente sehr geprägt. Denn sie zeigen, wie endlich diese Veranstaltung namens *Leben* überhaupt ist. Niemand weiß, wann seine Uhr abgelaufen ist, und ist es dann nicht unsere Pflicht und unser höchstes Gut, das Beste und Tollste aus unserem Leben zu machen? Wollen wir diese Zeit nicht mit den Menschen verbringen, mit denen wir bedingungslos lachen und weinen können, die wir lieben? Was ist, wenn es morgen vorbei ist oder wenn wir ab morgen als Pflegefall ein Leben lang ans Bett gefesselt sind? Wie viele Zeichen brauchen wir, um aufzuwachen und daran zu arbeiten, auch mit unserem Umfeld und unseren Freund*innen glücklich zu werden?

Wir brauchen Menschen, die ähnlich denken! Menschen, die uns weiterbringen, in deren Nähe wir uns wohlfühlen! Warum *müssen* wir uns mit vermeintlichen Freund*innen herumschlagen, die uns immer nur meckernd in den Ohren liegen? *Freund*innen,* die sich über alles und jeden, aber vor allem über ihr eigenes Leben beschweren? Warum sollen wir für diese Menschen einen Plan entwickeln, den sie eh nicht umsetzen wollen. Wenn wir es 100-mal versucht haben, unseren Dauersingle-Freund unter die Haube zu bringen, werden wir es auch nicht beim einhundertersten Mal schaffen. Nicht, weil wir nicht genügend oder nur schlechte Tipps gegeben haben, sondern weil man so etwas nur selbst in der Hand hat. Spätestens dann wird es auch mal Zeit, auf den Tisch zu hauen und klar Stellung zu beziehen, denn nur so hat das Gegenüber eine Chance zu wachsen. Vielleicht braucht die Person genau dieses *Auf-den-Tisch-Hauen,* um endlich selbst aufzuwachen.

Eine weitere, große Veränderung im Freundeskreis ging schließlich damit einher, dass ich infrage stellte, wie glücklich mich mein Beruf beim Fernsehen eigentlich noch machte. Die Erkenntnis nach knapp 25 Jahren, dass ich etwas anderes machen und selbstbestimmter werden wollte, veränderte mein und unser Umfeld sehr. Wer *seinen* Weg geht und diesen mit Mut bis zum Ziel verfolgt, wird immer Menschen vor den Kopf stoßen. »Ist das dein Ernst? Machst du jetzt einen auf Influencer?«, eine Frage, die ich ab diesem Moment öfter zu hören bekam. Wenn man beginnt, seinen Traum zu leben, werden die *Besserpisser*innen* von ganz allein auf der Matte erscheinen und versuchen, mit vermeintlich guten Ratschlägen und dauerhaftem, kritischem Hinterfragen das System ins Wanken zu bringen. Viele Menschen ertragen es einfach nicht, wenn du erfolgreicher und glücklicher als sie selbst wirst. Viele kommen mit deiner Veränderung nicht klar, denn in diesem Moment merken sie, dass sie ja stehen geblieben sind. Und das müssen wir bis heute immer und immer wieder feststellen. Einmal standen wir mit Freunden, die wir lange nicht mehr gesehen hatten, in unserem Garten und sprachen darüber, was sich bei uns alles verändert hat. Plötzlich sagte eine Freundin: »Wir haben uns rar gemacht, weil wir glauben, nicht mehr in euer Leben zu passen.« Wir verstanden die Welt nicht mehr. Wir sind im Kern dieselben Menschen geblieben. Warum glaubt jemand, den wir einladen, nicht mehr in unser Leben zu passen? Weil wir plötzlich glücklich sind? Weil wir uns unser Glück hart erarbeitet und tatsächlich auch erkämpft haben? Weil wir neue Freund*innen dazugewonnen haben? Weil wir den schmerzhaften Weg gewählt haben, den andere nicht bereit sind zu gehen? Weil wir heute noch klarer äußern, was wir denken, fühlen, wollen und nicht wollen?

Auf der einen Seite ist es total legitim, wenn sich Menschen abwenden, auf der anderen Seite verstehen wir nicht, warum ein Freund nicht mehr zu uns passen sollte, nur weil wir vielleicht erfolgreich sind und glücklich mit dem sind, was wir tun. Ist es, weil wir uns nicht mehr jeden Tag über unsere Berufe beschweren?! Weil wir am Anfang der Woche nicht mehr lamentieren, weil es noch so lange bis zum Wochenende ist?! Weil wir Beschwerden über das berufliche Leben relativieren und offen darüber sprechen, dass man etwas ändern soll?! Ja, es ist so verdammt einfach, sein Leben lang über alles zu meckern – glücklich macht es aber nicht!

Wenn wir heute unseren Freundeskreis betrachten, dann merken wir, wie viel *wir* tatsächlich verändert haben. Wir umgeben uns heute mit Menschen, die uns inspirieren. Menschen, die ebenfalls bereit sind, für ihre Träume zu kämpfen, die aufstehen und aufhören, sich zu beschweren. Wir wollen von unseren Freund*innen lernen, wir wollen sie als Vorbilder sehen. Dabei wissen wir, dass das hohe Erwartungen an den Kern eines Menschen sind, die seine Grundeinstellung betreffen. Aber nur das bringt uns in unserem eigenen Leben weiter und macht uns auch in einer Freundschaft glücklich. Wir brauchen keine *Besserpisser*innen* mehr und erkennen sie mittlerweile zehn Kilometer gegen den Wind. Wir wollen uns nicht mehr durch immerwährend negative Einstellungen oder durch Neid und Missgunst runterziehen lassen. *Jeder* hat sein Leben ganz allein in der Hand und ist für seinen Erfolg und Misserfolg, völlig egal, ob im Beruf oder im privaten Bereich, selbst verantwortlich. Hat jemand anderes vermeintlich mehr als man selbst, dann definiert man das auch selbst. Und wer hält dich dann davon ab, dieses *Mehr* auch zu erreichen? Nur du ganz allein! Denn Ausreden gibt es genügend, sie zählen nur nicht!

Freundschaften können so unendlich viel für jeden Einzelnen von uns bedeuten. Sie bereichern ein Leben oder saugen es aus. Deine Freund*innen sollten dich stärken, dir Mut machen. Sie sollen stolz sein, mit dir lachen und weinen können. Sie sollen dich auf Händen tragen, wenn du etwas geschafft hast, und sie sollen dich ganz genauso tragen, wenn du gestolpert bist. Aber ebenso muss jeder lernen, Freundschaften auch loszulassen, wenn sie einem über einen selbst definierten Zeitraum nicht mehr guttun. Etwas, was mir bis heute schwerfällt. Aber ich weiß, dass mich das weiterbringt.

Jeder definiert Freundschaft anders. Jeder hat andere Bedürfnisse, andere Erwartungen an Freunde. Vielleicht macht dich eine Handvoll Menschen in deinem Leben glücklich. Vielleicht brauchst du aber auch den Austausch mit größeren Gruppen, du hast die beste Freundin/den besten Freund, oder vielleicht sind es gleich drei. Die Qualität von Freundschaften muss für dich allerdings immer an erster Stelle stehen, denn eines ist klar: *Besserpisser*innen* braucht niemand in seinem Leben!

KAPITEL 12

Plötzlich Papas

»Kannst du dir vorstellen, ein Pflegekind aufzunehmen?« Eines Tages stand Christian mit genau diesen Worten vor mir, und ich wusste im ersten Moment gar nicht so genau, was ich sagen sollte. Ebenso war ich weit davon entfernt zu erahnen, dass dieser Satz mein ganzes Leben verändern sollte.

In meiner Jugend war ich der Babysitter der Straße, mein Berufspraktikum hatte ich in einem Kindergarten absolviert. Kinder machten mich glücklich. Schon damals fand ich es toll, wenn so ein kleines Wesen zu mir aufschaute und ich ihm die Welt erklären konnte. Ich wurde einfach nicht müde, jede weitere Warum-Frage mit Wissen zu füllen. Wenn ich einem Kind vorlas, verschwand ich in die Fantasiewelt der Geschichte.

Mit meinem Outing vor über 20 Jahren war mir aber auch klar, dass ich meinen Kinderwunsch begraben musste. Wenn ich *mein* Leben leben wollte, dann musste ich mich vom Traum, eine eigene Familie zu gründen, verabschieden. Es ging dabei nicht darum, ob es zum damaligen Zeitpunkt theoretisch rechtlich möglich gewesen wäre. Es ging darum, dass es dieses Familienmodell noch nicht in der Gesellschaft gab. Es gab noch lange keine eingetragene

Lebenspartnerschaft für Homosexuelle, die Ehe für alle war schon gar nicht in Sicht. Natürlich schaute auch ich zur damaligen Zeit auf das deutsche, prominente Beispiel Patrick Lindner, der mit seinem Mann einen Sohn im Ausland adoptiert hatte. Da ich aber weder berühmt noch wohlhabend war, begrub ich meinen Kinderwunsch. Mein Glück, frei leben zu können, lag vor dem Wunsch, eine Familie mit Kind zu gründen.

Christian dagegen begrub den Wunsch, eine eigene Familie zu gründen, nicht, als er sich geoutet hat. Er spricht davon, dass er – im Gegensatz zu mir – seinen Traum in eine Schatulle ins Regal stellte, als hätte er geahnt, dass er sie irgendwann wieder öffnen darf und der Traum tatsächlich Wirklichkeit wird. Es sollten zwei Jahrzehnte vergehen, bis sich der Wunsch erfüllen würde.

Und nun stand Christian mit großen Augen vor mir und wartete auf meine Antwort. Und nein, natürlich konnte ich mir nicht vorstellen, ein Pflegekind aufzunehmen. So, wie wahrscheinlich viele, die sich zum ersten Mal mit diesem Thema beschäftigen, hatte ich die Horrorvorstellung, dass ein Pflegekind bei uns einzieht, einige Jahre bei uns lebt und dann wieder zurück in seine leibliche Familie geht. Ich schaute ihn an und schüttelte vehement den Kopf. Es würde mich zerreißen, wenn wir das Kind wieder gehen lassen müssten. In all meinen bisherigen Beziehungen war es mir schwergefallen, loszulassen. Wie sollte ich dann ein Kind wieder gehen lassen, das wir von klein auf geprägt, zu dem wir eine innige Beziehung aufgebaut, das wir an die Hand genommen und als Reisebegleiter ins Leben bugsiert haben, das wir lieben?

In den folgenden Tagen sprachen wir zum ersten Mal länger darüber. Es kam der Moment, in dem Christian seine Schatulle aus dem Regal nehmen und öffnen durfte. Wir schauten gemeinsam hinein, fanden ein Puzzle, deren Einzelteile wir auf den Tisch legten. Nun versuchten wir, die Teile gemeinsam zu sortieren.

Wir begaben uns auf die Suche nach Alternativen zur Pflege und kamen auf das Thema Adoption. Mein erster Freund Frederik, mit dem ich bis heute lose in Kontakt stehe, hatte in der Zwischenzeit mit seinem Mann Zwillinge adoptiert. Es half uns, auch ohne, dass wir näheren Kontakt zu ihnen gehabt hätten – für uns war das Vorbild einer Regenbogenfamilie geboren. Diese Familie war greifbar und auf Augenhöhe, denn keiner der beiden Väter war prominent oder Millionär. Und weil ich ein Macher bin, Themen gerne gut und gründlich durchspreche, folgten dann aber auch schnell Taten. Und so saßen wir wenige Wochen später – völlig aufgeregt und total neugierig auf alles, was kommen würde – zum Erstgespräch auf dem Jugendamt. Für uns, die in klassischen Familienmodellen aufgewachsen waren, war es eine völlig schräge Situation. Kinder werden geboren und wachsen in ihren Familien auf, sie werden nicht abgegeben und vermittelt. So waren die Gedanken unserer heilen, bunten Welt. Bis dahin. Nun saßen wir also hier und bewarben uns für ein Kind, das keinen so guten Start gehabt, aber ein erfülltes Leben verdient hatte. Noch im Gespräch erfuhren wir, dass nur einer von uns adoptieren konnte, da die bisherige Lebenspartnerschaft eine gemeinsame Adoption rechtlich nicht vorsah. Allerdings hätten wir die Möglichkeit gehabt, dass der andere Partner später das Kind als Stiefkind adoptiert, auf diese Weise könnten wir am Ende doch eine rechtlich korrekte Familie führen. Der Umstand, so absurd er war, ließ uns zwar zuerst stolpern, und trotzdem wollten wir nicht aufgeben. Mittlerweile hatten wir durch Recherchen mehrere Beispiele von Regenbogenfamilien entdeckt, bei denen eine Adoption zustande gekommen war. Nach diesen Gesprächen flogen wir erst einmal in den Urlaub nach Kreta. Ich lag am Strand, genoss Sonne und Meer und recherchierte im Internet, als ich plötzlich aufschrie: »Schatz, das ist verrückt, die Ehe für alle kommt!« Christian schaute mich zuerst verständnislos an. Bis er verstand und wir uns lange umarmten. Es war wie der Wink mit dem Garagentor: Wir durften als homosexuelles Paar plötzlich ganz offiziell heiraten. Somit war für uns auch eine gemeinsame Adoption möglich. Voller Motivation und Tatendrang flogen wir wieder zurück.

Der Termin zur Umwandlung der Lebenspartnerschaft in eine Ehe war schnell gemacht, und die nächsten Gespräche auf dem Jugendamt standen uns bevor. Bei dem, was nun folgte, gerieten wir unglaublich oft ins Stolpern, und manchmal hatten wir tatsächlich auch Zweifel. Fragen wie »Zu wem sagt das Kind denn dann Mama?«, brachten unser Weltbild ins Wanken. Wir saßen doch ganz offensichtlich als zwei Männer hier, die eine Familie gründen wollen. Warum werden hier alte Muster, alte Rollen abgefragt? Warum sind alle Fragebogen immer nur auf Mann und Frau ausgelegt? Trauen sie zwei Männern nicht zu, ein Kind aufzuziehen? Wie langsam mahlen den die Mühlen der Bürokratie, aber vor allem der Köpfe, die für sie arbeiten? Ich weiß nicht, wie oft ich schimpfend auf dem Parkplatz vor unserem Jugendamt stand und Christian fragte, was wir uns eigentlich noch alles gefallen lassen mussten. Natürlich ging es aber nicht nur darum, dass wir über klassische Familienmodelle stolperten. Es ging auch um die andauernde Reflexion, die von uns verlangt wurde. Immer wieder kamen die gleichen Fragen mit denselben Inhalten. Hatte uns denn keiner zugehört? Wir wollten einfach eine Familie gründen! Wir hatten uns sehr gründlich damit auseinandergesetzt und wollten einem Kind ein Zuhause geben!

Unsere Welt drehte sich damals um nichts mehr anderes. Über allem lag ein Damoklesschwert. Nicht nur einmal lagen wir uns in den Armen und sprachen darüber, aufzugeben. Wir waren ausgebrannt und unendlich müde! Wir hatten Fragebogen mit hunderten Fragen beantwortet, in zig Gespräche über unsere Kindheit, unsere Gefühle, über Bindung und Werte gesprochen. Wir hatten ein Seminar belegt, in dem wir auf andere Adoptions- bewerber*innen trafen, wo wir einige heterosexuelle Paare mit einer schwierigen Vorgeschichte kennenlernten, die Geschichten erzählten, die uns die Tränen in die Augen trieben. Wir fühlten uns schon fast fehl am Platz, standen wir doch mitten im Leben, waren glücklich und wollten *nur* eine Familie gründen. Wir hat- ten keine Termine in Kinderwunschkliniken hinter uns, keine Monate oder sogar Jahre des Bangens, keiner von uns hatte einen oder mehrere Abgänge erlebt, keine Unsummen an Geld für künstliche Befruchtungen waren geflossen.

Aber, wie so oft in unserem Leben, war es für uns keine Option, aufzugeben. Stattdessen setzten wir uns erneut zusammen, spra- chen offen über unsere Gefühle, Ängste und unseren Willen. Wir atmeten tief durch und gingen einfach weiter. Je näher das Ende des Adoptionsbewerberprozesses kam, desto klarer wurde auch, dass die Aussicht auf eine erfolgreiche Adoption sehr gering war. Es gab einfach zu wenige Kinder für zu viele Bewerber*innen in unserem Landkreis. Parallel hatten wir während all der Termine auf dem Jugendamt aber auch wesentlich mehr über Pflegekinder und den damit verbundenen Prozess erfahren. Wir erfuhren zum Beispiel, dass es in einigen Jugendämtern das System der vor- gelagerten Bereitschaftspflege gibt. In diese Kurzzeitpflege kommt ein Kind, wenn es von Amts wegen aus seiner leiblichen Familie genommen wird, um abzuklären, ob es in seine Herkunftsfamilie zurückgeführt werden kann. Erst wenn dies ausgeschlossen werden kann, kommt es in eine Dauerpflegefamilie. Die Wahrscheinlichkeit, dass das Kind in der Pflegefamilie bleiben kann, ist sehr hoch.

Nach all den Gesprächen, in denen wir uns mit uns und mit dem Thema auseinandergesetzt hatten, wollten wir, dass unser Kinderwunsch nun endlich in Erfüllung ging. Wir wollten nicht jahrelang warten und gleichzeitig wissen, dass vielleicht nie das Telefon klingeln würde, dass uns vielleicht niemand die alles verändernde Nachricht überbringen würde, dass wir Papas werden. Und so saßen wir eines Abends bei Kerzenschein, leckerem Essen und einem Glas Wein zusammen und trafen die Entscheidung, uns doch für ein Pflegekind zu öffnen.

Und wieder begann ein Marathon an Gesprächen, Fragebogen und einem Seminar. Mittlerweile schon gefühlt alte Hasen, stürzten wir uns also in den nächsten Prozess und mussten über so manche Fragen der Mitbewerber*innen schmunzeln. Jeder, der diese Prozesse beginnt, wird sich dieselben Fragen zu Beginn stellen. Wie oft hatten wir uns beim Adoptionsprozess noch überlegt, was die richtigen Antworten waren, die das Jugendamt gerne hören wollte, und wie wir uns am besten präsentierten. All das hatten wir aber mit der Zeit abgelegt. Wir hatten gelernt, dass es kein Richtig und Falsch gab, keine perfekten Antworten, und dass unschöne Ereignisse unserer Vergangenheit nicht automatisch zum Ausschluss führen. Wir saßen schon fast selbstbewusst in den Terminen und waren einfach wir selbst. Wir wollten, dass man uns als Individuen wahrnahm, und wir wollten zeigen, dass zwei Männer natürlich Kind *können*, dass wir, dass unsere Herzen bereit für ein Kind sind!

Nachdem auch der zweite Prozess abgeschlossen war, fielen wir in ein tiefes Loch. Mit voller Fahrt waren wir die vergangenen

Monate durch die stürmische See geschippert, hatten alle Felsen, alle Sandbänke gemieden. Doch sobald die Überprüfung erfolgreich beendet war, machte sich eine ganz plötzliche Flaute breit. Wir wollten weiter Gas geben, wir waren bereit, wurden aber von jetzt auf gleich komplett ausgebremst. Geduld und Abwarten war definitiv noch nie meine Stärke. Es sollte aber alles anders und schneller kommen, als wir das je gedacht hätten. Einige Tage nach dem Ende des Pflegeelternprozesses fuhr ich zu einem beruflichen Seminar in die Weltstadt Karlsruhe. Ein wenig Abwechslung, andere Dinge sehen und hören, sollte guttun. Ich freute mich sehr, mal für ein Tage rauszukommen. Doch zu dem Zeitpunkt wusste ich noch nicht, dass in Karlsruhe – vier Tage nach Abschluss des Pflegebewerberprozesses – etwas Unfassbares passieren würde. Ich bekam einen Anruf, der zukünftig zu den alles verändernden Lebensmomenten gehört.

Es war ein schöner Spätsommertag, als sich Christian auf dem Weg zur Post befand und sein Telefon klingelte. »Hier ist Frau Müller vom Jugendamt. Störe ich Sie?« Christian hielt inne und verneinte. »Ich kann aber gerne auch zu einem späteren Zeitpunkt noch mal anrufen«, sagte Frau Müller. Christian war natürlich neugierig und wollte wissen, worum es ging. Niemand hätte zu dem Zeitpunkt geahnt, was nun gleich passieren würde. Frau Müller sagte – nach einem kurzen Moment des Schweigens – in einem sehr glücklichen und zufriedenen Ton: »Ich kann Ihnen sagen, wenn Sie wollen, können Sie Papa und Papi werden!«

Dieser eine Moment, dieser Augenblick von zwei Wimpernschlägen ließ die Welt erstarren. Autos bewegten sich nicht mehr, Menschen verharrten in ihrem Gang, Vögel blieben wie festgeklebt am Himmel hängen. Christian brauchte einen ganzen Moment, bis er die Sprache wiederfand und Frau Müller stotternd

Löcher in den Bauch fragte. Währenddessen saß ich in meinem Seminar und ahnte von all dem nichts. Mein Handy brummte in der Hosentasche, und ich schaute auf das Display: Christian. Ich drückte ihn weg und wollte in der Pause zurückrufen. Nachdem er es zwei weitere Male versuchte hatte, war mir klar, dass irgendwas passiert war. Ich stand auf, verließ den Raum und rief zurück. Nach einem sehr kurz angebundenen »Hallo« erzählte er schluchzend: »Schatz, wenn wir wollen, können wir Papa und Papi werden.« Es ist schwer zu beschreiben, was in einem solchen Moment in einem vorgeht. Die größte, höchste und schnellste Achterbahnfahrt würde wahrscheinlich nicht annähernd an diese Gefühlslage herankommen. Ich stand in einer riesigen Halle, und mir begannen, die Tränen runterzulaufen. Am anderen Ende sprach Christian mit gequetschter Stimme: »Er heißt Lukas und wird bald ein Jahr alt.« Plötzlich lief das Leben auch in Karlsruhe wie im Zeitraffer vor meinen Augen ab. War ich nicht eben noch selbst ein Kind? Saß ich nicht eben noch in der Schule, wo mir selbst die Welt erklärt wurde? War ich nicht gestern erst nach München gezogen, um nach meiner Ausbildung meinen Traumjob anzutreten? Aber plötzlich wurde all das unwichtig, es bedeutete nichts mehr … Ich wurde tatsächlich Papa!

Wie paralysiert verbrachte ich den Rest des Tages in meinem Seminar, bis ich endlich ins Hotel konnte und Zeit hatte, ausführlich mit Christian zu telefonieren. Zu allen Glücksgefühlen schlich sich aber plötzlich auch unausweichlich Angst in meine Gefühlswelt. Sind wir der Verantwortung gewachsen, sind wir reif genug? Haben wir wirklich genug Mut, um diesen Schritt zu gehen? Unser Leben wird sich komplett verändern! Wollen wir das? Wie viel Verstand, wie viel Gefühl, wie viel Wissen werden wir brauchen? Zwei Jahre durchliefen wir die beiden Prozesse und plötzlich fühlte ich mich dem Druck nicht gewachsen. Dem Ziel so nah, kamen plötzlich Zweifel auf. *Können* wir wirklich Kind? Die einzige Verantwortung bisher hatte ich für mich selbst und meinen Hund. Ich fühlte mich in meinem Hotelzimmer in Karlsruhe plötzlich unendlich allein.

Am nächsten Tag sah die Welt schon wieder ganz anders aus. Die Überforderung des vergangenen Tages hatte sich gelegt. Mir war klar: Natürlich *können* Christian und ich Kind! Natürlich sind wir bereit! Natürlich werden wir gemeinsam den Mut haben, ein Kind an die Hand zu nehmen und ein Stück seines Lebens zu begleiten. Wir hatten so lange dafür gekämpft, uns den seltsamsten Fragen gestellt, Menschen von unserer eigenen Überzeugung überzeugt, unsere Familien mit auf den Weg genommen. *Wir* werden das schaffen!

Sehr passend hatte der Mann meiner besten Freundin mal zu mir gesagt: »Man fühlt sich nie reif für ein Kind. Irgendwann ist es eben so weit und dann … dann bist du auch bereit!«

Als ich wieder zurück in München war, hatten wir mittlerweile mehr über Lukas, seine Umstände und seinen Verbleib in der Bereitschaftspflege erfahren. Ab da stiegen wir für lange Zeit nicht mehr aus der immer schneller werdenden Gefühlsachterbahn. Denn plötzlich ging alles ganz schnell. Drei Telefonate und eine Terminvereinbarung später saßen wir an einem Freitag im Auto auf dem Weg zum Jugendamt. Dort sollten wir erst auf die Bereitschaftspflegemama und dann auf Lukas treffen. Im Vorfeld hatten wir erfahren, dass wir während des Treffens darauf achten sollten, ob wir uns vorstellen könnten, eine Bindung zu Lukas aufzubauen. Dabei wussten wir überhaupt nicht, wie wir das anstellen sollten. Eine schier unlösbare Aufgabe, die da vor uns lag. Wann wussten wir denn, dass wir das konnten? Unsere

Herzen schlugen bis zum Anschlag, und es fühlte sich an wie der Gang zum größten Bewerbungsgesprächs unseres Lebens.

Vor uns saß die Frau, die unseren potenziell zukünftigen Sohn monatelang bei sich hatte, Gabi. Sie kannte ihn, wie kein anderer. Die wusste, was zu tun war, wenn er weinte, was ihn zum Lachen brachte, was er gerne aß und wie er einschlief. Beim Eintreten musterte Gabi uns von oben bis unten und lächelte uns an. Sie wirkte sehr nett und strahlte Herzlichkeit und vor allem Offenheit aus. Innerhalb kürzester Zeit plapperten wir über Lukas, als würden sich zwei Familien treffen, die über ihre Kinder reden. Nach einiger Zeit stand Frau Müller vom Jugendamt auf und sagte: »Dann ist es jetzt wohl Zeit, dass sie Lukas kennenlernen!« Wir standen ebenfalls auf, gingen aus der Tür und liefen einen langen, geraden Gang entlang. Ein Gang, den wir nie in unserem Leben vergessen werden. An den Wänden hingen Plakate über Seminarangebote, Poster und Bekanntmachungen. Wir liefen an einem kleinen Tisch mit Flyern und Büchern vorbei, an dem zwei alte Stühle standen. Der Gang schien nie zu enden, Zeit und Raum lösten sich auf. Wir liefen und liefen, eine gefühlte Ewigkeit, jeder für sich, komplett mit seinen Gefühlen beschäftigt und überfordert, weil wir nicht wussten, was jetzt gleich passieren würde.

Als wir endlich eine Tür erreichten, klopfte Frau Müller vorsichtig. Christian und ich schauten uns an. Wir schauten uns mit einem Blick an, den wir voneinander bis dahin nicht kannten. Es war Freude, Angst, Ungewissheit, Überforderung … Alle Gefühle auf einmal. Die Tür ging auf und wir traten ein. Ein nüchterner Raum, mit einigen Tischen und Stühlen, weißen Wänden und Neonbeleuchtung eröffnete sich uns. Auf der rechten Seite standen Regale mit Spielsachen, daneben eine kleine Spielküche, ein

Rutschauto und eine Murmelbahn. Auf dem Boden davor lag ein großer Spielteppich und auf dem saß: Lukas! Er hatte einen Keks in der einen, eine Kekstüte in der anderen Hand und schaute zu uns hoch. Und dann passierte etwas Magisches: Als er uns beide anschaute, begann er plötzlich aus tiefstem Herzen zu lachen.

Wir schauten uns alle an und spürten, was hier passierte. Es war fast, als würde er wissen, was jetzt auf ihn zukam. Als würde er uns zeigen wollen, dass das alles okay und er bereit dafür war.

Und in diesem einen Augenblick war uns alles klar! *Das* war die Antwort auf unseren Wunsch, unseren Traum. Die Antwort auf alle Fragen, auf die Zweifel und Ängste, die wir in den letzten beiden Jahren durchliefen. Und es war die Antwort auf die Frage, ob wir uns vorstellen konnten, eine Bindung mit Lukas aufbauen zu können, ob wir ihn wirklich lieben können, als wäre es unser leiblicher Sohn.

Der Mann meiner Freundin sollte recht behalten. Es war so weit, *jetzt* waren wir bereit! Wir lagen bei Lukas auf dem Boden, spielten mit ihm, und ich ließ mich mit Keksen von ihm füttern. Dabei hatten wir eine solche Ehrfurcht vor dem Kontakt mit ihm. Wir wollten nicht zu schnell sein und uns vorsichtig herantasten, ihm die Zeit geben, die er brauchte. Viel zu schnell kam dann aber auch der Moment, in dem wir wieder gehen mussten. Frau Müller schaute uns an und sagte ruhig: »Fahren Sie nach Hause, reden Sie darüber und überlegen Sie sich, ob Sie sich vorstellen können, eine Bindung zu Lukas aufzubauen.« Und wieder verstanden wir gar nicht, was sie von uns wollte. Hatte man gerade nicht gesehen, was passiert war? Hatten nur wir diesen magischen Moment so erlebt? Natürlich hatten es alle mitbekommen, und doch war es völlig richtig, dass wir auch dieses Treffen als Paar reflektierten. Einmal nach vorne gerannt, würde es vor allem für das Kind schwer werden, im weiteren Prozess wieder loslassen zu müssen, nur weil die Pflegeeltern sich nicht hundertprozentig einig sind.

Abends saßen wir bei einem Glas Wein zusammen und sprachen die ganze Zeit nur über dieses Treffen. Alles wirkte so unwirklich, so surreal. Wir hatten tatsächlich Lukas kennengelernt und mussten nur noch mitteilen, ob wir uns einig waren. Und natürlich waren wir uns einig! Und so startete die sogenannte Anbahnungsphase. Während dieser Phase baut vor allem die Person, die Elternzeit nimmt und die meiste Zeit mit dem Kind verbringt, innerhalb von einigen Wochen eine bestmögliche Bindung auf. Die Länge kann variieren und hängt davon ab, ob das Kind bereit ist, von der Bereitschaftspflege in die Dauerpflege zu wechseln. Da wir beschlossen hatten, dass ich in Elternzeit gehen würde, war es mein Part, alle Termine mit Lukas wahrzunehmen. Doch auch Christian versuchte, möglichst oft dabei zu sein. Die ersten Wochen verbrachte ich immer mehr Tage in immer kürzeren Abständen in der Bereitschaftspflegefamilie. Wir lagen auf dem Boden, inspizierten Holzeisenbahnen, öffneten und schlossen Kofferräume von Spielzeugautos und hörten Kinderlieder. Lukas war unendlich offen, lachte viel und brabbelte vor sich hin. Er zeigte mir sein komplettes Spielinventar und den Haushalt der Bereitschaftspflegefamilie.

Zu Beginn waren wir so unglaublich unbeholfen. Obwohl wir generell wussten, wie man mit Kindern vom Baby- bis zum Teenageralter umgeht, war diesmal doch irgendwie alles anders. Uns wurde von Tag zu Tag bewusster, dass dieser Zustand anhalten würde, Lukas am Ende bei uns einziehen wird und wir so zu einer Regenbogenfamilie* werden.

---

* Als Regenbogenfamilien bezeichnet man Familien, in denen Kinder bei zwei gleichgeschlechtlichen Partner*innen aufwachsen.

Nach den ersten Besuchen kam der Tag, an dem ich zum ersten Mal mit ihm im Kinderwagen spazieren ging. Ich hatte unseren Labrador Anton mitgebracht, der auf uns im Auto wartete. Wir wollten, dass Lukas möglichst schnell auch unseren Familienhund kennenlernte, und auch Anton wollten wir die Möglichkeit geben, sich an das neue Leben mit Kind zu gewöhnen. Ich musste damals selbst über mich schmunzeln.

Bevor es losging, fragte ich Gabi, die Bereitschaftspflegemama, was ich denn mache, wenn er schreit. Wie ich erkenne, was das Problem sei. »Du machst das schon!«, sagte sie nur und schob mich bestimmt und mit Nachdruck aus der Wohnung. Gabi gab uns damals tatsächlich viel Selbstsicherheit. Sie vertraute uns und zeigte das auch sehr deutlich. Sie stellte sich nie über uns, sie gab uns nie das Gefühl, dass die Frage eine dumme Frage war. Sie lächelte vielleicht öfter als gewöhnlich, weil wir unglaublich theoriebehaftet handelten, aber das fiel uns nicht weiter auf. Wir waren damit beschäftigt, unser *Wir* zu finden und das in kürzester Zeit. Immerhin mussten wir unser Leben in ein paar Wochen allein als Familie meistern, und da half wohl nur das kalte Wasser.

Bis zum ersten Anruf des Jugendamtes nach dem Pflegeprozess hatten wir auch kein Kinderzimmer eingerichtet. Wir wollten keinen Raum für ein Kind ausstatten, wenn wir nicht wussten, ob hier je eines einziehen würde. Das hätte für zu viele Emotionen und zu viel Druck gesorgt. Und so startete der Einkaufsmarathon für ein einjähriges Kind, das gerade gelernt hatte zu laufen und auch schon klare Forderungen auszudrücken vermochte. Da war schnell klar, dass es mit Gitterbett, Wickeltisch und Schrank nicht getan war. Wie von der Tarantel gestochen, fuhren wir zu den Möbelhäusern, kauften ganze Drogeriemärkte leer und beschäftigten unzählige Mitarbeiter*innen in Spielwarenläden für die perfekte Erstausstattung. Drei Wochen später, mittlerweile geübt in Spaziergängen, Windelwechseln und anderen Quengeleien, kam Lukas zum ersten Mal zu uns, anfangs noch in Begleitung von Gabi, die dann aber schnell dazu überging, während Lukas bei uns war, ihre Einkäufe zu erledigen. Ihm gefiel sein neues Zuhause sofort! Es gab so viel zu entdecken und so viele neue Eindrücke. Er düste durchs Haus, als hätte er nie etwas anderes gemacht. Und auch Anton nahm den Zuwachs mit Gelassenheit hin. Wurde es ihm doch mal zu viel, verzog er sich in eines der anderen Stockwerke. Für seinen ersten Mittagsschlaf bei uns, legte Lukas sich einfach in sein Bettchen und schlief friedlich ein, um anschließend mit guter Laune wieder aufzuwachen. Man kann wirklich sagen, dass die Anbahnungszeit fast wie in einem Bilderbuch verlief, ohne dass alle Beteiligten dabei jemals das Kind und sein Verhalten aus den Augen verloren.

Und wir? Wir fingen tatsächlich an, manche Dinge bewusst noch einmal ohne Kind zu machen. Da unsere Eltern nicht in unmittelbarer Nähe wohnten, war klar, dass mit Einzug von Lukas viele Sachen erst einmal so nicht mehr möglich waren und hintangestellt werden mussten. Wir fuhren zum Beispiel noch einmal in den Skiurlaub, um die Tage auf der Piste zu zweit zu genießen, wir legten uns sonntags ganz bewusst im Schlafoutfit mit Kaffee aufs Sofa und schauten den ganzen Vormittag Fernsehen. Wir gingen mit Freund*innen bis in die Morgenstunden aus, um anschließend bis mittags zu schlafen. Übrigens etwas, das wir allen Paaren vor dem ersten Kind ans Herz legen! Macht ganz bewusst Dinge mit dem Partner oder der Partnerin, die dann mit Kind nicht mehr so einfach möglich sind. Die Erlebnisse erhalten eine ganz andere Qualität, sie werden intensiver!

Nach Gesprächen mit dem Jugendamt und Gabi wurde dann der Einzugstermin von Lukas festgelegt. Auf der einen Seite waren wir froh, dass die Anbahnungsphase zu Ende war, denn so regelmäßig zwischen den Haushalten hin- und herzufahren, hatte uns organisatorisch einiges abverlangt. Wir wollten nun endlich *unser* Familienleben genießen, damit auch Lukas zur Ruhe kommen konnte. Auf der anderen Seite hatten wir vor diesem Moment aber auch Respekt. Wir wussten, dass es nun kein Zurück mehr gibt, es entschieden ist und ein neues Leben beginnt.

Wir hatten bis zu diesem Zeitpunkt unendlich viel in unserem Leben erlebt, gemeinsam und allein. Wir kämpften zwei Jahre in zwei Prozessen mit unseren Emotionen. Wir machten uns vor wildfremden Menschen seelisch nackig. Dabei haben wir allerdings eines nie aus den Augen gelassen – unser Ziel! Unser Ziel, eine Familie zu gründen! Dieser Traum sollte nun Wirklichkeit werden. Aber irgendwie ist der Mensch auch ein lustiges Wesen. Was tut er nicht alles in Situationen, die er emotional scheinbar nicht mehr im Griff hat? Es folgen Übersprunghandlungen! Wir putzten das Haus, als würde morgen der Bundespräsident zu Besuch kommen. Jede Küchenschublade wurde aus und wieder eingeräumt. Aus dem Vorgarten wurde jedes Blatt entfernt. Jede Ecke wurde nochmal gegengecheckt, ob sie auch wirklich kindersicher war. Aus heutiger Sicht wirklich unglaublich lustig. Der Hund wurde nochmal gewaschen und gekämmt – und dann war er da: Der Tag, an dem wir eine Familie wurden!

Wir waren uns damals nicht sicher, ob es gut ist, wenn Lukas merkt, dass etwas Besonderes stattfindet. Aber wie so oft hörten wir einfach auf unser Herz. Wir wollten uns nicht verstellen, wir wollten unsere Freude zum Ausdruck bringen und waren stolz, genau das sollte er doch auch erfahren dürfen. Wir stellten im Flur einen großen Teddybären hin, auf den wir ein Willkommensschild mit Luftschlangen hängten und waren beide unfassbar aufgeregt.

Um 11 Uhr klingelte es pünktlich an der Tür. Anton rannte wie immer vor und stand schwanzwedelnd im Flur. Wir öffneten – bereits mit Tränen in den Augen – die Tür. Es fühlte sich so an, als würde sich der lange Gang und das Türöffnen, das wir im Jugendamt erlebten, wiederholen. Wir waren mit unseren Gefühlen weit über Anschlag. Die Tür ging auf, und davor stand Gabi mit Lukas auf dem Arm. Neben ihren Füßen standen zwei blaue Ikea-Taschen und zwei Kartons.

Rückblickend hat uns dieser Moment auch noch an einer ganz anderen Stelle bewegt. Stell es dir selbst mal vor: Da steht ein kleines Wesen mit seinem Leben und den Dingen, die es bis dahin erhalten hat, vor deiner Tür und zieht innerhalb kurzer Zeit bei dir, einer zweiten, neuen Familie ein. Alles, was bis dahin war, ist in Gedanken, in Erinnerungen abgespeichert, es ist Teil seines Lebens. Und jetzt fängt wieder ein neuer Abschnitt an, ein hoffentlich ruhigerer und andauernder.

Gabi trat mit Lukas in unser Haus, und wir lagen uns alle weinend in den Armen. Lukas freute sich so sehr, uns zu sehen, er lachte glücklich und gab glucksende Geräusche von sich. Gabi hob Lukas in Christians Arme – doch plötzlich fühlte es sich so an, als würden wir jemandem das Kind wegnehmen. Es fiel uns in diesem Moment so schwer zu akzeptieren, dass das der Weg von Lukas ist. Natürlich wussten wir, dass er ein wunderbares Leben bei uns bekommt, dass er im dritten Anlauf ein Leben erleben darf und wir offen für ihn und seine Persönlichkeit sind, wenn wir ihm Ruhe und viel Liebe schenken. Und trotzdem waren wir genau in diesem Moment tief ergriffen von seiner Geschichte, von seinem Paket, das er als unschuldiger, kleiner Wurm schon mitbekommen hatte.

Auch in Gabis Augen sah man all ihre Emotionen, sie war unglaublich glücklich für Lukas, und gleichzeitig fiel es ihr nicht leicht, diesen Teil ihres Lebens loszulassen. Sie versuchte, die Situation zu umgehen, indem sie uns pragmatisch die letzten Hinweise und letzten Infos zu Lukas Sachen gab. Gemeinsam setzten wir uns an den Esstisch und aßen Weißwurst mit Brezn, denn Lukas liebte damals Brezn. Und dann kam der Moment, als Gabi aufstand und sagte: »So, jetzt seid ihr eine Familie. Ich gehe und bin immer da, wenn ihr eine Frage habt!« Wir schauten uns an und mussten wieder weinen.

Am Nachmittag lagen wir auf dem Fußboden und spielten mit Lukas. Er liebte damals sehr seine Holzeisenbahn, die wir ihm beim ersten Treffen bei Gabi mitgebracht hatten. Wir deckten den Tisch, machten Abendessen und quatschten, während die Anspannung ein wenig von uns abfiel. Wir machten Lukas bettfertig, alberten im Bad herum, zogen ihm den Schlafanzug an und brachten ihn ins Bett. Wir deckten ihn zu, und ich sang »La-le-lu, nur der Mann im Mond schaut zu«. Lukas war innerhalb kürzester Zeit eingeschlafen und lag friedlich mit seinem Kuscheltier im Bett. Ich weiß nicht, wie oft wir an diesem Abend und in dieser Nacht in sein Zimmer gingen, um ihn einfach nur zu betrachten. Da lag er, völlig zufrieden mit seiner Welt und schlief tief und fest.

Obwohl seitdem gerade mal vier Jahre vergangen sind, ist diese Zeit gefühlt eine Ewigkeit her, und sie lässt uns doch immer wieder unglaublich emotional werden. Vielleicht fühlt es sich so an, wenn ein Kind geboren wird, wenn man zum ersten Mal einen Säugling in der Hand hält. Wenn man realisiert, dass man eine Familie geworden ist.

»Überlegen Sie sich, ob Sie eine Bindung zu Lukas aufbauen können!« – Wir mussten nie überlegen, wir haben es mit dem ersten Moment gespürt, unser Herz hat gesprochen. Wir waren Papa und Papi!

KAPITEL 13

Es muss ein Thema bleiben, solang es ein Thema ist

»Papa, das ist ein Mama-Ei, das ein Papa-Ei und das hier ist ein Baby-Ei!«

Es ist ein paar Wochen vor Ostern, und ich hänge an einem warmen Frühlingstag mit Lukas Ostereier an den Büschen in unserem Vorgarten auf. Er platziert eine größere Gruppierung an Eiern unterschiedlicher Größe an einem einzigen Ast. Aus meiner Erwachsenenperspektive sieht diese Anordnung nicht perfekt aus und ich frage Lukas, ob wir die Eier nicht ein bisschen verteilen wollen. Er schaut sich seinen Eier-Haufen kritisch an, runzelt die Stirn und erklärt mir den tieferen Sinn. Ich schmunzele und denke mir im ersten Moment nicht viel dabei. Als ich abends mit Christian darüber spreche, fällt mir plötzlich etwas Entscheidendes auf. Lukas hat wie selbstverständlich ein klassisches Familienmodell an den Busch gehängt! Ein Modell, das er draußen zwar oft sieht, in dem er selbst aber gar nicht groß wird. Für Kinder in heterosexuellen Familien wäre das sicherlich keine Besonderheit gewesen, bei unserem Sohn zeigt sich hier aber sehr klar, dass er *Familie* nicht unterscheidet. Ihm sind Modelle und Konstellationen völlig egal, er hat mit jeglicher Zusammensetzung Berührung und stellt sie auch nicht infrage. Für ihn gibt es in den Familien in unserem Umfeld eben Papas und Mamas, zwei Papas und zwei Mamas, nur Papa oder nur Mama. Die Vielzahl an Möglichkeiten integriert er wie selbstverständlich in seine eigene, *noch* offene Kinderwelt, und er wendet sie an, wie er sie gerade braucht. Mal besteht die Playmobil-Piratenmannschaft aus zwei liebenden Frauen, mal übernehmen die Männer mit ihren Kindern die Macht auf seiner Ritterburg. Kinder finden in seinem Spiel in allen Konstellationen einen Platz. Mal leben sie allein in der Polizeistation, mal mit Mama, mal mit Papa, mal in klassischer Version oder auch mit einer Großfamilie, die aus gleichgeschlechtlichen Menschen im bunten LEGO-Wohnhaus besteht. Für ihn gibt es keine Normen, keine Einschränkungen. Er muss Familie nicht benennen, er urteilt nicht, er akzeptiert, toleriert und nimmt sie, wie sie ist. Ihm geht es nicht um die *richtige* Konstellation, nicht um Geschlechterzuteilung oder Rollenverteilung. Es geht ihm einzig und allein um Menschen, die eine Familie bilden und lieben. Und so kann man Lukas tatsächlich als Generation 0 beim Thema Familienmodelle bezeichnen.

Wie schön wäre es jetzt, wenn wir in der Geschichte hier einfach einen versöhnlichen Schlussstrich ziehen und uns über eine Welt freuen könnten, in der er mit dieser Einstellung keine Minderheit wäre. Eine Welt, die jeden Menschen mit seiner Einstellung, seiner Meinung, seiner Herkunft und seinem Glauben so nimmt, wie er ist. Es wäre eine so offene, eine so tolerante, eine so wunderbare Welt!

Wie oft fragt man uns, warum wir überhaupt noch über unsere sexuelle Orientierung, über uns als homosexuelles Paar und über

Regenbogenfamilie sprechen. Das alles sei doch gar kein Thema mehr, wird dann gesagt. Wir würden doch so nur immer wieder unsere Besonderheit in den Vordergrund stellen.

Wir sehen das ganz anders: Denn genau an dieser Stelle nimmt das Drama seinen Lauf – die Realität sieht nämlich ganz anders aus! Auch heute noch ist die Gesellschaft weit davon entfernt, Familienmodelle außerhalb der klassischen Konstellation Mann, Frau und Kind als normal zu erachten, zu respektieren und auch zu akzeptieren. Das geht schon bei der Nichtakzeptanz und Sonderstellung von Alleinerziehenden los und endet noch lange nicht bei Regenbogenfamilien.

Als wir vor Jahren damit begannen, von unserem Kinderwunsch zu sprechen, reagierten selbst Freund*innen und sogar Angehörige unserer Familien etwas irritiert. Zwei homosexuelle Männer, die Kariere machen, reisen und das Leben genießen – okay. Aber ein Männerpaar, das ein Kind adoptiert oder zur Pflege aufnimmt? »Wollt ihr euch das wirklich antun?« oder »Seid ihr denn reif genug dafür?«, waren nur zwei der Sätze, die wir selbst von vermeintlich offenen Menschen aus unserem Umfeld hörten. Es ging aber nie wirklich um uns direkt, um Ignoranz oder Intoleranz. Bei gemeinsamen Gesprächen zeigte sich schnell, dass alte, erlernte Verhaltensweisen, Einstellungen und Muster so tief sitzen. Dabei war es uns sehr wichtig, unser Umfeld miteinzubeziehen. Wir wollten die Menschen, die uns nahestehen, mit auf die Reise nehmen, und wussten, dass sie uns am Ende auch verstehen würden und bereit sind, die gewohnten Pfade zu verlassen und ihren Horizont zu erweitern. Doch wären sie nicht bereit gewesen, hätten wir sie an irgendeiner Stelle stehen lassen müssen. Wir waren nicht mehr zu bremsen, wir wollten unseren Traum von Familie leben.

Menschen, die unsere Lebensweise, die unser Familienmodell wirklich kritisieren, schaffen es nicht, aus diesen erlernten Mustern auszubrechen. Es herrscht Angst vor Dingen, vor Lebensweisen, die man nicht kennt. Es fehlt die Offenheit, hinzusehen und sich mit Andersartigkeit auseinanderzusetzen. Die meisten wurden selbst bereits in jungen Jahren in ein Korsett gepresst und sind mit Erwartungshaltungen der Eltern und der Gesellschaft aufgewachsen, dass sie sie nun selbst internalisiert haben. Und so wird gnadenlos alles abgelehnt, was fremd oder anders erscheint.

Gleichzeitig kennen wir das alle: Dinge sind schnell verurteilt und in Schubladen gesteckt. Darüber haben wir bereits ausführlich gesprochen. Die eigene Einstellung aber infrage zu stellen ist wirklich schwer. Man muss sich mit sich selbst beschäftigen, reflektieren und sein eigenes System hinterfragen. All das bedeutet, dass man hinsehen muss. Und wagt man diesen Blick nach innen, kann es schnell sehr unangenehm werden, so sehr, dass es vielleicht sogar wehtut. Man müsste über seinen eigenen Schatten springen. Für viele ist das ein Schritt zu viel!

Unser eigenes System ist aber dafür konstruiert, dass wir uns selbst nicht schaden – quasi eine Schutzvorrichtung. Wir gehen generell gerne den Weg des geringsten Widerstandes und wollen meist mit wenig Kraftanstrengung ins Ziel kommen. Wir wollen mit minimalem Output immer maximalen Input erlangen, ganz egal, in welcher Situation oder bei welchem Lebensthema. Frei nach dem Motto: Ich habe doch alles so schön im Griff, warum soll ich mich denn mit dem Unbekannten auseinandersetzen?

Sich aus seiner Komfortzone hinauszubewegen, den Blickwinkel zu verändern, sich Neuem zu öffnen, bedeutet, Mut haben zu müssen. Mutig sein bedeutet, sich über den Tellerrand zu beugen und die Welt so bunt zu sehen, wie sie in Wirklichkeit ist! Es gibt so unendlich viel Unbekanntes, so viele wunderbare Dinge auf der Welt, lasst sie uns doch mutig entdecken! Natürlich ist es bequem, immer die einfachere Variante zu wählen, aber ist sie nicht irgendwie auch langweiliger? Ist es nicht viel spannender, ein Leben lang zu lernen, Neues zu entdecken und sich so auch außerhalb der eigenen Komfortzonen zu bewegen? Wir haben doch nur ein Leben! Lasst es uns doch genießen und mit Farbe ausfüllen. Immerhin hatten wir all diese Offenheit und Neugierde schon einmal: als Kind. Die ganze Welt stand uns offen, viele gehen unbedarft und unvoreingenommen auf jeden und alles zu. Erst mit der fortschreitenden Entwicklung verlernen viele ihre anfängliche Weltoffenheit, weil man uns eingeschränkt und weil man uns regelrecht manipuliert hat, damit wir in die entsprechenden Muster passen. Meine Schulzeit war ein Sumpf der Einschränkung. Ich mochte das Fach Mathematik nicht, mein Mathematiklehrer mochte mich nicht, und schon hatte ich keine Chance mehr auf irgendeinen Erfolg, ich ging in diesem Fach unter.

Wollen wir dann irgendwann einmal diesen Rahmen, diese Muster und Prozesse durchbrechen, benötigen wir viel Kraft. Wieder müssen wir Mut beweisen, gegen den Strom schwimmen, nicht in den erlernten Normen denken und Schubladen öffnen. Christians jahrelanges Straucheln mit seiner Sexualität war das Ergebnis dessen, was die Gesellschaft, aber auch ein Teil seiner Familie im ersten Moment von ihm erwartete. Dabei gibt es diese erlernte Norm einfach nicht.

Und plötzlich kommen wir um die Ecke und wollen das bisherige Weltbild verändern. Wir wollen jahrzehntelang erlernte Werte von Familie infrage und auf den Kopf stellen. Ein Zustand, der für viele immer noch schwer zu ertragen ist, und so finden sich in unserem eigenen Land, im 21. Jahrhundert Menschen, die uns angreifen –

psychisch oder sogar physisch. Auf der Hochzeit eines Freundes ging der Vater des Bräutigams auf uns zu und zog uns mit den Worten »Jetzt reicht es aber!« auseinander, weil wir uns umarmten.

Worte wie »Schwuchtel«, »Arschf…« oder »Homo« waren vor allem nach dem Outing die üblichen Schimpfworte. Seit wir Öffentlichkeitsarbeit betreiben und für Sichtbarkeit kämpfen, gehen die Anfeindungen noch weiter. Hier kommen Stimmen zutage, die uns die Tränen in die Augen treiben. Und es macht uns an manchen Stellen wütend und fassungslos, dass Menschen so über uns denken und urteilen.

Bei diesen Anfeindungen erleben wir es oft, dass schnell Gott aus der Schublade gezogen wird: Zwei Männer oder zwei Frauen, die ein Kind großziehen – das sei nicht von Gott gewollt. Aber wer genau sagt das? Gott selbst ja wohl kaum! Das sagen die Menschen, die versuchen, ein etwa 3.000 Jahre altes Buch zu interpretieren. Ein Buch, das aus einer Zeit kommt, in der das heutige Verständnis über die sexuelle Orientierung noch nicht mal annähernd bekannt war. Die Kirche sorgt bis zum heutigen Tag für ihre ganz eigene Interpretation, homosexuelle Menschen werden von ihr klein gehalten, verurteilt und verfolgt. Das Glaubenssystem tut sich unfassbar schwer, Homosexualität auch nur irgendwie zu akzeptieren und uns in die Religion zu integrieren.

Anfang 2020 war ich als Gast in einer Talkshow eingeladen. Es sollte inhaltlich um Familie, Familienmodelle und den Umgang der Gesellschaft gehen. Es war mir bereits in unserem kleinen Dorf wichtig, Präsenz zu zeigen, deshalb war es mir auch damals wichtig, unsere Geschichte auch einer breiteren Öffentlichkeit zu erzählen. Mit Instagram und Co. standen wir noch in den Kinderschuhen. Neben einem Rechtsanwalt, einem Prominenten und einer Expertin einer Beratungsstelle, sprach auch ein Familienvater eines klassischen Familienmodells in der Sendung mit. An irgendeinem Punkt der Diskussion, die Aufzeichnung war schon fast zu Ende, schaute er mich an und sagte plötzlich den alles entscheidenden Satz: »Du kannst dein Kind doch nicht so lieben, wie ich mein eigenes!« In diesem Moment blieb meine Welt für einen kurzen Moment stehen, es entzog mir regelrecht die Luft zum Atmen! Wie kann ein Mensch sich ein Urteil darüber erlauben, über das wohl größtmögliche Gefühl überhaupt. Wie kann jemand Fremdes behaupten, dass ich meinen Sohn mehr oder weniger liebe? Wie kann jemand davon ausgehen, dass Liebe nur durch ein verwandtschaftliches Verhältnis entsteht? Woher kommt diese Berechnung? Und was sind seine Beweggründe? Mit diesem Satz wird nicht nur mir als homosexuellem Papa das Recht auf das Gefühl Liebe entzogen. Hier wird die Liebe von allen Stiefmamas und -papas, von Adoptiv- und Pflegeeltern, von Pat*innen und vielen Menschen mehr nicht anerkannt. War er wirklich der Meinung, dass all diese Menschen weniger Liebe empfinden können, nur weil es sich nicht um die leiblichen Kinder handelt?

Dieser Moment im Fernsehstudio sollte sinnbildlich für alles weitere stehen, warum wir so stark daran interessiert sind, Öffentlichkeitsarbeit und Projekten durchzuführen. Es war der Moment, in dem ich entschied, ein Vorbild für kommende Generationen sein zu wollen. Mir wurde klar, dass ich nicht nur für homosexuelle Menschen ein Vorbild sein möchte, die immer noch den Weg des Outings einschlagen müssen. Ich will ein Vorbild für alle Menschen werden, die sich von anderen nicht mehr sagen lassen, was sie zu tun oder zu lassen haben, die in ihren Gedanken und Gefühlen nicht mehr eingeschränkt werden wollen, die mutig ihr Lebensglück suchen und ihren Traum nicht aus den Augen verlieren wollen.

Wir wollten nicht mehr still mit anschauen, wie wir selbst durch geschickte Jonglage im Leben versuchen, möglichst wenig aufzufallen. Wir waren es leid, uns von anderen sagen zu lassen, dass wir in ihren Augen weniger Wert sind.

All die Meteoriteneinschläge unseres Lebens lagen plötzlich vor uns offen, und wir begannen, in ihnen einen Sinn zu sehen. Für sie hatte es einen Grund gegeben, wir mussten nur noch herausfinden, warum sie passiert sind.

Und so wurden wir mit unseren Themen noch lauter. Wir hatten unsere Nische gefunden und vergrößerten sie aktiv. Ich begann, für Blogs, Webseiten und Zeitungen zu schreiben, Christian sorgte für Themen-Impulse und das entsprechende Entertainment. Wir puschten so unseren Instagram-Account @papaundpapi und lassen seitdem die Öffentlichkeit an unserem Alltag teilhaben. Wir bauen Mauern und Berührungsängste ab und erweitern Horizonte. Wenig später starteten wir unseren eigenen Podcast, gaben TV- und Zeitungsinterviews. Auch die Entscheidung, meinen Job bei Fernsehen zu verlassen, um als Speaker meine Geschichte über Mut und Glück zu erzählen, hing mit diesen Erfahrungen zusammen. Ich möchte Menschen Mut machen, sich selbst zu hinterfragen und sich die Frage zu stellen, ob sie wirklich glücklich sind. Und wenn nicht, wie sie es werden können. Gemeinsam mit Christian bewege ich heute das Mindset von vielen Menschen.

Wir haben über die Jahre so unendlich viel gekämpft. Wie oft haben wir uns freigestrampelt, sind gegen den Strom geschwommen und waren laut. Und ja, bis heute erhalten wir viel Gegenwind.

Solange unser Lebensmodell von Menschen infrage gestellt und unsere Liebe kritisiert wird, so lange werden wir offen über Identität und Sexualität sprechen. Für uns ist klar, dass unser Thema ein Thema bleiben muss, solange es ein Thema ist. Sollte irgendjemand noch zweifeln: Natürlich *können* zwei Männer Kind! Aber halt! Haben wir bei all dem etwa das Kind vergessen? Fehlt Lukas vielleicht doch etwas in unserer Familienkonstellation? Wie geht es ihm, wenn er später gemobbt wird, weil er bei zwei Papas aufwächst? Nein, auch damit haben wir uns lange auseinandergesetzt, diskutiert und nachgelesen. Mittlerweile gibt es Studien über Kinder, die in Regenbogenfamilien aufwachsen, die zeigen, dass es ihnen an nichts fehlt, oft sogar im Gegenteil.

Wir haben sehr früh für Sichtbarkeit in unserem Umfeld gesorgt. Wir wollten zeigen, dass wir nicht im Einhorn-Kostüm glitzerpupsend durchs Dorf laufen. Vorurteile sollten erst gar nicht aufkommen, damit wir Lukas eine normale Kindheit ermöglichen. Ebenso sorgen wir sehr aktiv für viel weiblichen Einfluss. Wir wollen, dass er von beiden Geschlechtern möglichst viel Input erlebt.

Im Kindergarten gab es vor Kurzem eine Situation, die unseren Sohn theoretisch hätte herausfordern können: Er stand beim Basteln mit ein paar gleichaltrigen Kindern um einen Tisch herum. Plötzlich kamen sie auf das Thema, dass alle Kinder im Bauch der Mama groß werden. Eines der Kinder schaute Lukas an. »Du hast doch gar keine Mama«, sagte das Kind zu ihm. Ein anderes, das am Nachbartisch stand, sprang sofort ein und sagte: »Jeder hat eine Mama!« Daraufhin antwortete Lukas, mit der Zunge zwischen den Zähnen, weil er ganz konzentriert einen Faden auf ein Blatt klebte: »Natürlich habe ich eine Mama. Der geht es aber nicht so gut, und sie muss sich um sich kümmern. Deshalb bin ich bei Papa und Papi.« Die Kinder nickten und eines meinte: »Genau!«

Die Situation zeigt, wie normal Kinder mit Lukas Geschichte umgehen. Natürlich betrachten sie sie und sprechen manchmal darüber. In den meisten Fällen haben sie selbst ja keine Berührung mit dem Thema. Oft finden sie es aber auch einfach cool, dass er zwei Papas hat. Und wenn einmal darüber gesprochen wurde, dann reicht es meist auch schon wieder.

Wir sind der Grund, warum unsere Kinder andere Kinder mobben. Denn würden wir offen mit allem auf sie zugehen, ihnen zeigen, wie bunt diese Welt wirklich ist, dann würden sie erst gar nicht auf die Idee kommen, dass diese Andersartigkeit etwas Besonderes ist. Dann wäre ihnen bewusst, dass die Welt *nur* aus Andersartigkeit besteht und Normen in der Gesellschaft nur ein Überbleibsel vergangener Zeiten sind.

Warum müssen sich Menschen denn überhaupt noch outen?! Weil ihnen bereits in der Kindheit das jeweils andere Geschlecht entsprechend *verkauft* wurde. Schon früh hörte auch ich den berühmten Satz: »Wenn du später mal ein Mädchen liebst ...« Jetzt stellt euch aber mal vor, wir würden als Eltern, als Großeltern, als Erziehungsberechtigte und Ältere stattdessen das Wort *Mensch* in diesen Satz einfügen. Wäre dann nicht der wunderbarste Satz geboren, den man seinem Kind mitgeben kann. Ein Satz, der alles aussagt, der Sicherheit vermittelt, der Vertrauen schafft, der Offenheit zeigt und der unseren Kindern alle Liebe entgegenbringt, die wir ihnen zu geben haben: »Wenn du später mal einen Menschen mit nach Hause bringst, den du liebst ...«

KAPITEL 14

Der Schritt zum Glücklichsein

»Papa, ich wünsche dir viel Spaß bei der Arbeit!« Lukas drehte schon früh den Spieß um und erwiderte unsere Wünsche für einen tollen Tag im Kindergarten mit strahlenden Augen. Wie oft dachte ich mir dann im selben Moment: »Wenn er wüsste!« Mit einem Seufzer sah ich ihm hinterher, wie er leichtfüßig das Haus verließ. Man konnte sichtlich erkennen, dass er sich total auf den Tag freute. Er freute sich aufs Spielen, aufs Entdecken, auf seine Freund*innen. Das aber nicht nur einmal pro Woche, sondern jeden einzelnen Tag aufs Neue! Ein Zustand und eine Betrachtungsweise, die so großartig ist.

Lukas nimmt jeden Tag mit einer unglaublichen Leichtigkeit, dass wir eigentlich nur zuschauen und uns wieder erinnern müssten. Denn auch wir haben irgendwann einmal so empfunden. Auch wir haben vor langer Zeit mal nur im Hier und Jetzt gelebt. Irgendwann, auf dem Weg des Erwachsenwerdens, haben wir diese Leichtigkeit verloren. Kritisch blicken wir auf unseren Tag und versinken in schlechter Laune, wenn wir auch nur ein Meeting, einen Telefonanruf, ein Treffen im Kalender haben, das nicht nach unserem Gusto ist. Unsere negativen

Gedanken fressen wie ein Virus unsere positive Energie täglich auf.

Was aber, wenn plötzlich wirklich nichts mehr stimmt? Wenn du so unglücklich in deinem Job wirst, dass es unmöglich geworden ist, auch nur irgendein positives Gefühl zu empfinden? Genau so ist es mir ergangen, und das führte genau dazu, dass ich seufzend hinter Lukas herschaute. Das war der Moment, als ich jeden Morgen zitternd am Rechner saß und regelrecht Angst vor dem Tag hatte. Welcher berufliche Wahnsinn bricht heute wieder auf mich ein? Wie spontan muss ich mich den aktuellen Herausforderungen zwischen Homeoffice, Kinderbetreuung und den vermeintlichen Dramen der Fernsehwelt stellen? Setze ich meine Priorität bei unserem weinenden Sohn oder irgendeiner Liste, die zur Befriedigung meiner Führungskräfte gepflegt werden musste? Aber von vorne … Der Rauswurf meiner Mitarbeiter*innen und meine damit verbundenen Emotionen meinem Arbeitgeber gegenüber, die Unfähigkeit des Managements, sozial zu agieren oder zumindest mich als Führungskraft in diesem Prozess adäquat zu unterstützen, hatten größere Spuren hinterlassen, als ich das erwartet hatte. Die Zweifel an die Festanstellung waren damals zwar hochgekommen, aber trotzdem hatte ich Angst, über den Tellerrand zu schauen. Ich war nicht mehr glücklich, ignorierte es aber eine ganze Weile lang. Aufgrund dieser angespannten Lage hatte mich Christian gefragt – als sich abzeichnete, dass Lukas bei uns einziehen würde –, ob nicht ich in Elternzeit gehen wollen würde. Es lässt sich nicht verleugnen, dass er leicht irritiert war, als ich sofort Ja sagte. Damals war es die beste Entscheidung, die ich treffen konnte. Gleichzeitig stellte ich mich aber auch der größten Herausforderung meines Lebens – unserem Sohn.

Bezüglich meines Jobs konnte ich so erst einmal in Ruhe betrachten, was bei meinem Arbeitgeber in meiner Abwesenheit passierte, während ich mich auf etwas ganz anderes, etwas viel Wertvolleres konzentrieren konnte. Ich lernte mein Leben völlig neu kennen. Lukas öffnete meinen Horizont innerhalb kürzester Zeit. Viel zu schnell verflog die einjährige Elternzeit, und ich musste eine Entscheidung treffen, wie es weitergehen sollte. Bei meinem alten Arbeitgeber hatte sich die Situation nicht verändert, und ich entschied, das Unternehmen nach zehn Jahren mit einem Abfindungsvertrag zu verlassen. Es war ein unfassbar seltsames Gefühl. Jetzt war ich nicht nur derjenige, der sein Team aus dem Unternehmen bugsiert und es einmal auf den Kopf gestellt hatte, jetzt war auch ich derjenige, der die Tür hinter sich zuschloss und nie wiederkehren sollte.

Wir standen damals noch in den Kinderschuhen unserer Öffentlichkeitsarbeit und damit unseres eigenen Unternehmens, und es war für mich noch undenkbar, etwas anderes zu machen. Ich ging davon aus, dass ich nach dem nächsten Job in der TV-Branche suchen würde. Für den Traum, beim Fernsehen zu arbeiten, habe ich hart geschuftet, und ich für mich gab es keine andere Zukunft, als dass man mich irgendwann mit der *Kiste* aus dem Studio tragen würde. Aber urplötzlich waren Zweifel an meiner eigenen Einstellung aufgekommen. Natürlich lag es auch daran, dass ich mich ein knappes Jahr nur darum gekümmert hatte, Windeln zu wechseln, Regenwürmer zu entdecken, verschwundene Lieblingsstofftiere zu suchen. Die intensive Zeit mit unserem Sohn Lukas hatte mich unglaublich geerdet. Ich lag auf dem Boden, spielte mit Lukas und stellte mir die Fragen: Und jetzt? War das wirklich alles? Mache ich anschließend genauso weiter wie vor der Elternzeit? Ich hatte auf dem Weg meinen Antrieb nach dem Höher, Schneller, Weiter verloren. Ich hatte nach all den Erfolgen meiner vergangenen Berufskariere erfahren, dass es eben nicht nur aufwärts im Leben gehen kann. Ich hatte das erste Mal wirkliche Berührung mit unpopulären Entscheidungen eines Unternehmens gehabt und saß mittendrin, während die Kacke am Dampfen war. Musste ich jetzt wirklich wieder in dieses Hamsterrad einsteigen und als Teil davon perfekt funktionieren?

Ja, ich musste, zumindest für eine gewisse Zeit. Ich hatte noch viel zu viel Angst davor, die vermeintliche Sicherheit einer Festanstellung mit einer Selbstständigkeit zu tauschen. Ich hatte Angst vor Arbeitslosigkeit, vor Geldnöten, aber auch vor mir selbst. Ich war noch nicht so weit, aus diesem System herauszubrechen. Und so suchte ich mir kurz vor dem Ende meiner Elternzeit wieder einen Job in Festanstellung in einer entsprechenden Position bei einem TV-Sender. Wir konnten uns damals überhaupt nicht vorstellen, wie es mit Kind und zwei Vollzeitjobs funktionieren sollte. Wir wussten aber auch, dass das viele vor uns auch irgendwie geschafft hatten. Und so steuerte ich in die wohl schrecklichste Zeit meines ganzen Berufslebens. Ich hastete vom Kindergarten zur Arbeit und wieder zurück. Zwischen meinem Arbeitgeber und unserem Zuhause lag eine Strecke von über 40 Kilometern, was definitiv nicht zur Entspannung beitrug. Der Höhepunkt des organisatorischen Horrors trat ein, als Christian auch noch tageweise unterwegs war. Keiner unserer Eltern wohnte damals in unserer Nähe, um Notfälle abfedern zu können. Die Unterstützung und das Verständnis meiner damaligen Führungskräfte in der neuen Firma hielten sich sehr in Grenzen. Das schlechte Gewissen war vorprogrammiert, wenn ich mal wieder früher gehen musste – völlig unabhängig davon, ob ich diese Stunden am Laptop abends zigfach wieder reinarbeitete. So versuchten wir, wie viele andere Eltern auch, täglich unser selbst gewähltes System irgendwie aufrechtzuerhalten.

Ich war wieder in einer leitenden Position eingestiegen, diesmal aber ohne direkte Mitarbeiter*innenführung. Vor Antritt des neuen Jobs habe ich darüber nachgedacht, ob dieser Zustand irgendetwas mit meinem Ego macht, und musste selbst über mich schmunzeln. Allein die Entscheidung, den Job anzunehmen, obwohl ich *weniger* Verantwortung hatte als beim vorherigen, war der Beginn eines gesünderen Lebens. Schnell taten sich im neuen Job seltsame Dinge auf. Kolleg*innen, die weinend aus den Büros der Vorgesetzten stolperten, ein Arbeitspensum, das unmöglich von Teil- oder Vollzeitkräften in ihrer normalen Arbeitszeit zu leisten war oder täglich spontane einstündige Termine waren nur ein paar der Vorkommnisse. Ich fragte damals jede einzelne Kollegin und jeden einzelnen Kollegen, die oder der ersichtlich unglücklich war, warum sie das über sich ergehen ließen und nicht eine Entscheidung für sich träfen. Dabei war mir nicht bewusst, dass ich gerade selbst mitten in diesen Strudel eingetaucht war. Es vergingen Monate, und ich bemerkte eine Veränderung in mir. Bis dahin war ich im Job ein Entertainer. Wenn alle Köpfe rauchen und die Stimmung mal am Boden ist, komme ich um die Ecke und ziehe die Mannschaft wieder mit ins Fahrwasser. Ein Talent, das ich immer gerne eingesetzt hatte. Ich liebte es, Menschen miteinander zu verbinden und eine kommunikative Schnittstelle zu sein. Einmal von einer Fernsehsendung angetan, hing ich mich 150 Prozent ins Zeug und kämpfte für mein Format. Diesmal war es aber anders. Ich hatte keinen Spaß, die Art und Weise, wie in meiner Abteilung gearbeitet, aber vor allem geführt wurde, hatte nichts mit meinen Werten, wie man mit Mitarbeiter*innen umgeht, zu tun. So wollte ich weder selbst führen noch geführt werden. Auf meinem Schreibtisch sammelte sich in der Regel relativ schnell ein buntes Potpourri der TV-Devotionalien und Erinnerungen an Produktionen an. Diesmal blieb es gähnend leer. Im Nachhinein weiß ich, dass ich nie wirklich angekommen war – weder zu Beginn noch nach eineinhalb Jahren.

In dieser Zeit half mir eine Freundin sehr. Sie sah, wie unsäglich meine Situation war, und erklärte sich bereit, mir mit einem Coaching zu helfen. Diese abendlichen, regelmäßigen Termine waren der Startschuss dafür, mich selbst zu hinterfragen. Sie lösten etwas in mir aus und brachten die Lawine zum Rollen. Ihr verdanke ich ein erstes Aufwachen, ein erstes Aufbäumen, wenn auch noch ein langer Weg vor mir lag. Ich fing an, erst zögerlich, mit meinem Mann über meinen Zustand zu sprechen. Natürlich hatte er mitbekommen, dass irgendwas nicht stimmte. Zu Hause war meine Laune von Tag zu Tag schlimmer geworden. Ich war gereizt und hatte wenig Spaß.

Und dann sollte auch noch unser aller Leben stehen bleiben – das Coronavirus zog auf der Welt ein. Plötzlich saßen wir von heute auf morgen *alle* zu Hause. Mein Sender war schon lange auf die Remote-Arbeit eingestellt, und so konnte zumindest technisch das Alltagsgeschäft auch so gestemmt werden. Mit einem großen Unterschied: Wenig später saß ein damals zweieinhalbjähriges Kleinkind ebenfalls zu Hause. Anfänglich gaben sich meine Vorgesetzten noch offen, sie fragten, was ich denn brauchte, damit sich meine Situation zu Hause verbessern konnte. Dass diese Frage eine abgedroschene Führungsplatitüde sein sollte, zeigte sich schnell. Ich brauchte mehr Flexibilität und hatte klar geäußert, dass Spontanmeetings, beginnend in fünf Minuten, kaum zu bewältigen waren. Seltsam war nur, dass genau diese Art von Meetings sich in der kommenden Zeit vermehrte. Eine Nicht-Teilnahme wurde mit schlechter Laune und Nichtbeachtung *bestraft*. Die Internetbandbreite unseres Dorfs wurde dauerbeansprucht und nur mit genervtem Kopfschütteln auf Senderseite kommentiert, wenn das Bild bei einem Zoom-Meeting mal wieder festhing, weil parallel der Download für die Sendungsabnahme lief. Virtuelle Meetings fanden gerne auch mal auf dem Badezimmerboden statt, das Klo als Rückenlehne, weil unser Sohn mich dort am wenigsten vermutete. Was im Nachhinein irgendwie witzig klingt, brachte mich an den Rand des Wahnsinns, und so hisste ich eines Tages die weiße Fahne: Ich kapitulierte. Ich konnte einfach nicht mehr. Es schnürte mir morgens den Hals zu, wenn ich den Laptop aufklappte. Meine Hände waren schweißnass, wenn ich darauf wartete, welche Aufgaben über Nacht mal wieder eingetrudelt waren. Ich hatte dauerhaft Kopfschmerzen und schlief schlecht. Die Situation gepaart mit Job, Kind und Pandemie hatte mich in die Ecke getrieben. Die platte Antwort einer meiner Führungskräfte war: »Es tut mir leid, dass es dir nicht gut geht, aber du musst Privat und Beruf trennen!« Ich saß da und war fassungslos. Ich war mein komplettes Berufsleben ein Mitarbeiter, der *immer* Beruf und Privates getrennt hatte. Ich schaute mit Akribie darauf, dass sich beides nicht miteinander vermischte. Bis ich mich beschwerte oder um Hilfe bat, dauerte unendlich lange. Und nun saßen ein Mensch vor mir, der mir wirklich sagte, ich müsse beide Welten trennen? In einer Ausnahmesituation, wie sie sie für uns alle war? In einem Moment, in dem plötzlich *nichts* mehr so war wie vorher, weil Beruf *und* Privates bei vielen von uns nur noch zu Hause stattfanden, mit Meetings im Schlafzimmer, in der Küche, im Wohnzimmer oder eben vor dem Klo? In einem solchen Moment hatten meine Vorgesetzten – meine vermeintlichen Vorbilder – nichts Besseres zu sagen? *Wie* konnten Menschen so sein? Wie hatten sie es so lange in ihren Positionen ausgehalten? Konnten sie vorher Menschen schon nicht führen, offenbarten sie in dieser Situation, wie unfähig sie waren, zuzuhören und ein Team zusammenzuhalten. Sie waren lediglich damit beschäftigt, in einer Pandemie irgendwie Arbeitszeiten und -pensum ihrer Schäfchen zu kontrollieren. Es ging nicht darum, zu vertrauen, es ging darum, zu kontrollieren. In allem wurde das Schlechte vermutet, ein Miteinander gab es nicht mehr. Die Situation des Einzelnen wurde ignoriert und sogar von ihnen aktiv verschlechtert.

Rückblickend brauchte ich genau das: unfassbare Zustände, die mich endlich haben aufwachen lassen. Es konnte nicht sein, dass ich morgens schon mit schweißnassen Händen den Rechner einschaltete, Angst davor hatte, bei bestimmten Personen ans Telefon zu gehen, und mein Herz schneller schlug, wenn ich Mails in Verteiler schickte, mit der Gewissheit, irgendjemanden vergessen zu haben und anschließend den Einlauf dafür zu erhalten. Wie schlimm es damals wirklich war, merke ich heute, wenn mein Mann im Homeoffice eine Mail erhält und das typische Windows-Geräusch ertönt. Ich verspüre wieder einen Kloß im Hals.

Es war ein unumgänglicher Fakt, dass es so nicht weitergehen konnte. Nur *was* genau die Lösung dieser ganzen Unsäglichkeit sein sollte, war mir zu diesem Zeitpunkt noch völlig unklar.

Eines Tages saß eine Freundin bei uns auf der Terrasse, sie hatte von dem beruflichen Drama erfahren, und wir sprachen darüber. »Warum gehst du nicht einfach nochmal in Elternzeit?«, fragte sie mich. Ich fuhr ihr schon fast ins Wort. Das konnte ich mir überhaupt nicht vorstellen, ich musste mich ganz von meinem

Arbeitgeber trennen, die emotionale Verbindung wollte ich nicht aufrechterhalten.

Mit etwas Abstand und einigen schlaflosen Nächten wurde mir aber bewusst, dass das genau die richtige Lösung sein konnte – sie hatte recht. Diesmal aber, anders als bei meinem vorherigen Arbeitgeber, wollte ich nicht abwarten, in welche Richtung sich die Firma entwickelte, sondern ich wollte sehen, wie *ich* mich entwickelte. Dass meine Elternzeit im Unternehmen nicht gerade mit Wohlwollen betrachtet, sondern eher mit einem unverständlichen Gesichtsausdruck quittiert wurde, war für mich keine Überraschung. Wir waren zum damaligen Zeitpunkt schon recht erfolgreich mit unserem Instagram-Account, und ich hatte so bereits ein kleines, erfolgreiches Unternehmen als Nebenjob aufgebaut. Wir hatten ein externes Management und viele spannende Kooperationspartner*innen. Mit der nun folgenden, zweiten Elternzeit wollte ich die Möglichkeit nutzen, dieses Unternehmen weiter auszubauen. Gleichzeitig war mir aber auch klar, dass ich mich nicht nur auf Instagram für die kommenden Jahre verlassen wollte. Ob wir in zehn Jahren immer noch einen Morgentanz vollführen wollen, stellte ich infrage. Ich wollte das Fundament breiter aufstellen.

Ich startete mit Volldampf in die Elternzeit und siehe da, innerhalb weniger Wochen stand ich morgens wieder mit Freude auf. Der Ballast der vergangenen Jahre fiel jeden Tag ein Stückchen mehr ab. Ich fing an, wieder Spaß am Leben zu haben! Ich baute unser Büro komplett um und stellte fest, dass ich im Homeoffice wie paralysiert an einem 1 Meter 20 großen Schreibtisch gesessen hatte, mit Blick auf eine weiße Dachschräge – ein ganzes Jahr hatte ich so verbracht. Warum hatte ich das nicht gesehen? So konnte man sich beim Arbeiten als kreativer Mensch doch nicht wohlfühlen. Aber ich hatte anscheinend keine Kapazität mehr gehabt, das infrage zu stellen.

Uns war schon länger klar, dass wir mit unserem Aktivismus theoretisch noch ein viel größeres Potenzial hatten. Menschen hatten begonnen, uns Nachrichten zu schreiben: Wir machten ihnen Mut, waren Vorbilder für sie, und sie fühlten sich durch uns sehr motiviert. Wir erreichten immer mehr Menschen, die gar nicht selbst in Regenbogenfamilien oder mit einem Pflegekind leben. Wir bekamen Kooperationsangebote für Themen, die mit der Unterstützung von Kindern, mit Nachhaltigkeit und mit Zukunftsthemen zu tun hatten. Es zeichnete sich ab, dass wir hier noch viel tiefer gehen konnten. Bis zu meiner zweiten Elternzeit hätten wir aber gar nicht gewusst, wie wir einen Ausbau dieser ganzen Themen zeitlich überhaupt hätten in Angriff nehmen sollen.

Mit der neu gewonnenen Zeit und der Perspektive einer potenziell beruflichen Zukunft saß ich also zu Hause, in meinem neuen Büro – es entstand ein Raum für viel Kreativität, der sich ohne Druck, Unmenschlichkeit, Tränen und Herzrasen entfaltete. Ich durfte selbstbestimmt an meiner eigenen und unserer gemeinsamen Zukunft basteln. Ich begann damit, unser Business auf mehrere Säulen zu stellen. Neben Instagram wollten wir ebenfalls schon länger einen eigenen Podcast auf die Beine stellen. Wir konnten reden, hatten unendlich viele Themen und freuten uns, mit anderen Menschen, die uns inspirieren und unsere Vorbilder sind, zu sprechen. Und so wurde, in Zusammenarbeit mit einem großen Vermarkter »Papaundpapi – Männerhaushalt« geboren. Wir landeten auf den Neueinsteigerlisten von Apple und Spotify, und innerhalb von sechs Monaten erreichen wir 50.000 Abonnenten und eine viertel Million Downloads.

Nach Gesprächen mit einigen Verlagen sollte plötzlich ein Jugendtraum wahr werden – *ich* schreibe tatsächlich ein Buch, nämlich dieses hier! Bisher hatte ich viel zu viel Angst davor gehabt. Für mich war der Prozess ein Hexenwerk und überhaupt nicht greifbar. Wo fängt man an, wie schreibt man auch bei Seite 100 weiter und wie soll es enden. Was ist überhaupt das Thema? Die Durchsetzungskraft, es umzusetzen, hatte ich nicht – bis jetzt.

Die größte Veränderung in dieser Zeit war aber, als ich einen besonderen Menschen kennenlernte. Mir sind ein paar wenige Personen in meinem Leben begegnet, die mich nachhaltig berührt und inspiriert haben. Tobias Beck ist einer dieser wenigen. Irgendwas an ihm berührte mich innerhalb kürzester Zeit. Tobi ist ein Visionär, ein Motivator, aber vor allem ein begnadeter Speaker. Er hat eine persönliche Geschichte, die mich zutiefst berührt, und die dazu führte, dass ich ihm zuhören wollte und ihn ernst nahm. Wir kamen über Instagram in einen intensiven Austausch und landeten so eines Tages in seinem Podcast. Anschließend quatschten wir noch ein wenig, als er zu uns sagte: »Ihr wisst gar nicht, welches Potenzial noch in euch schlummert. Ihr müsst da raus und eure Geschichte erzählen. Bjoern, du musst Speaker werden!«

Bis zu diesem Punkt hatte ich vielleicht gespürt, dass da noch viel mehr vor uns liegt, ich wusste aber einfach nicht, wie ich die Puzzleteile sortieren sollte. Tobi aktivierte aber etwas in mir und ich begann, eine Vision zu stricken.

Nachdem ich mich einige Monate sortiert und meine berufliche Entwicklung verdaut hatte, fing ich an, wieder intensiv mit Christian über mich, meine Gefühle und eine Vision zu sprechen. Mir wurde klar, dass all unsere Meteoriteneinschläge im Leben unfassbar viel Mut von uns abverlangt hatten. Ohne uns beirren zu lassen, waren wir nicht von unserem Weg abgekommen und hatten unsere Ziele nie aus den Augen verloren. Egal, ob mein Schulabbruch, der Satz »Aus Ihrem Sohn wird nichts!«, Christian *Saftschubse* genannt wurde, unsere Outings, die richtige Ausbildung, unsere Hochzeit, der Kinderwunsch – jedes Mal mussten wir Mut zeigen, uns auflehnen und gegen den Strom schwimmen. Wir waren, ohne dass wir darüber im Vorfeld nachgedacht hatten, zu Vorbildern geworden. Durch Instagram und unseren Podcast konnten wir die ersten Plattformen auch dafür nutzen, andere Menschen zu inspirieren, zu motivieren und ihnen Mut zu machen. Und genau da sah ich plötzlich die Verbindung zu Tobi. Er stand schon lange mit seiner Geschichte auf der Bühne und war so zu einem noch viel größeren Vorbild für andere geworden. Als würde es mir wie Schuppen von den Augen fallen, wurde mir plötzlich klar, wie meine berufliche Zukunft aussehen sollte: Ich will nach da draußen, auf die Bühne und Menschen bewegen! Ich will ihnen Mut machen! Ich will, dass auch andere aufstehen und sich nicht weiter in einen Rahmen zwängen lassen! Auch sie sollen sich nicht von Vorgesetzten oder irgendeinem System unterdrücken lassen. Ich möchte, dass Menschen selbstbestimmt, frei *ihren* ganz eigenen Weg finden, dass sie an sich glauben und ihren Traum verfolgen. *Jeder* soll sein Lebensglück finden dürfen, seinen Lebenstraum leben, und wenn ich auch nur etwas durch meine Auftritte und durch unseren Aktivismus dazu beitragen und ich helfen kann, dass *du* es findest, dann werde ich das ab jetzt tun.

Ich hatte mich lange davor gedrückt, die finalen Schritte zu gehen, mich vollends aus der Festanstellung zu lösen und in eine neue Zukunft zu gehen. Obwohl ich sah, was für ein Potenzial und wie viel Erfolg schon jetzt vorhanden waren. Die Entscheidung, noch einmal in die Elternzeit zu gehen, war wie ein Pseudo-Netz, ein Geländer an der Brücke, sie war der letzte Rückhalt meiner eigenen Feigheit. Nach dieser Erkenntnis und mithilfe von Tobi fiel es mir plötzlich leicht, die nächsten Schritte zu gehen. Alles, was ich bisher vor mir hergeschoben hatte, wurde Schritt für Schritt angepackt. Ich klärte meine Fragen zur Selbstständigkeit bei der Rentenversicherung, mit dem Steuerberater, mit der Krankenkasse, aber vor allem tätigte ich den alles entscheidenden Anruf bei der Personalabteilung – ich arbeitete nach und nach alles ab.

Niemand wird mir fachlich bei meinem alten Arbeitgeber hinterher weinen oder mich wirklich vermissen.

Denn wenn du die Entscheidung triffst, zu gehen, sprechen die wenigsten nach deinem Weggang noch lange von dir. Das Arbeitssystem tickt unaufhaltsam weiter. Da ist es auch fast egal, ob du ein halbes Jahr, fünf Jahre oder 20 Jahre im Unternehmen warst. Wenn du heute noch glaubst, dass du unabdingbar für deinen Arbeitgeber bist, wenn du glaubst, dass die Abteilung ohne dich nicht funktioniert, ist das schön für die Firma, aber wach aus deiner Seifenblase auf, in die haben längst andere gestochen!

Frage dich lieber, ob es wirklich an der Firma liegt, dass du so motiviert bist. Vielleicht ist es jetzt an der Zeit, zu hinterfragen, ob die Festanstellung etwas für dich ist und du daraus tatsächlich Energie und vor allem dein Lebensglück ziehst. Vielleicht ist das so und du bist zufrieden – dann ist das toll und völlig in Ordnung! Vielleicht aber, wenn du ehrlich zu dir bist, kommst du zum gleichen Ergebnis wie ich und stehst vor einem Abgrund, in den du dich zuerst nicht traust, hineinzuspringen. Es gibt einhundert Ausreden, warum du deinen Arbeitgeber nicht wechseln oder loslassen möchtest. Ebenso viele Ausreden gibt es dafür, dass man sich nicht in eine lang ersehnte Selbstständigkeit traut. Das ist bis zu einem gewissen Punkt auch erst mal gut so, immerhin sollte man nicht über Nacht einfach alles hinschmeißen. Du sollst nicht blindlings in den Abgrund springen. Nicht jeder hat *die* alles entscheidende Produkt- oder Dienstleistungs-Idee oder kann ganz einfach eine Tätigkeit entwickeln, der er bereits in der Festanstellung nachgegangen ist. Vielleicht gibt es Verbindlichkeiten wie Ausgabe für das Auto, Miete für die Wohnung, Kredit für ein Haus. Aber ich bin mir sicher, dass auch du einen Ballon, einen Fallschirm oder Ähnliches findest, der dir hilft, beim Sprung nicht ungebremst in die Tiefe zu stürzen. Es geht darum, dass du, wenn du eine Idee hast, an dich glaubst. Es geht darum, dass du Mut haben sollst, Dinge auch umzusetzen und nicht dein Leben lang darüber grübelst, dass es doch ganz nett wäre, wenn du mal …

Ich bleibe dabei: Wenn du unzufrieden und unglücklich in deinem beruflichen Leben bist, dann *musst* du etwas ändern – und zwar *jetzt*. Sei es in einer anderen Position oder in eine andere Abteilung, vielleicht geht es dir darum, Mitarbeiter*innen zu führen oder eben nicht mehr. Du hast es ganz allein in der Hand, du kannst dich wieder glücklich machen – du musst es aber aktiv tun!

Wenn du dann den Schritt wagst, mach dir keine Hoffnung – dein Umfeld wird den Kopf schütteln. Wenn du beginnst, darüber nachzudenken, deinen vermeintlich sicheren Hafen zu verlassen, um dich zu verändern, werden viele deiner Mitmenschen mit Unverständnis reagieren. Die Wenigsten werden dich in deinem Vorhaben bekräftigen oder sogar unterstützen. Du wirst Steine in den Weg gelegt bekommen, andere werden schlecht über dich reden. Es wird Menschen geben, die sich von dir abwenden. Warum? Weil *sie* es nicht schaffen, aus ihrem System auszubrechen, weil *sie* keinen Mut haben, Erlerntes über den Haufen zu werfen und neu zu beginnen. Sie möchten nicht sehen, wie andere – wie du – glücklicher oder erfolgreicher werden. Du wirst Neid und Missgunst von Menschen erfahren, mit denen du glaubtest, befreundet zu sein. Du wirst aber auch erfahren, dass dir bei deiner Veränderung viele neue Menschen begegnen werden. Menschen, die dich im Zweifel viel weiter bringen und dich verstehen werden.

Allein bei den ersten beiden Seminaren von Tobias Beck habe ich auf einen Schlag 70 Menschen kennengelernt, die sich alle in einem ähnlichen Prozess befanden. Menschen, die mich nicht komisch anschauten, als ich über meine Vision sprach. Im Gegenteil, ich sah lauter lächelnde, wohlwollende und glückliche Gesichter. All diese Menschen wussten, was ich gerade durchmachte und ich mich nicht nur gegen meine eigenen erlernten Muster, sondern auch gegen mein Umfeld auflehnen musste. Sie wussten, dass dieser Befreiungsschlag noch viel mehr bedeutete, als einen Job zu kündigen und ein Unternehmen auf die Beine zu stellen. Bis heute melden sich ungefragt Menschen bei mir, um mich und meine Entscheidungen zu beurteilen. Ihrer Meinung nach kann ich mit den Dingen, die ich tue, dauerhaft kein Geld verdienen. Sie verurteilen das öffentliche Zeigen unseres Lebens. Wirklich *jeder* hat eine Meinung zu unserem Tun und Handeln. Doch anders als früher bin ich schon lange davon abgekommen, mich für meine Entscheidungen zu rechtfertigen. Es ist mir schlichtweg egal, was Außenstehende über mich denken. Ich muss niemandem nach dem Mund reden oder gefallen. *Besserpisser*innen* rieche ich mittlerweile 100 Kilometer gegen den Wind, sie haben keine Chance mehr bei mir.

Ich habe auch gelernt, in mich zu investieren. Früher habe ich viel Geld für unnütze Dinge ausgegeben, deshalb investiere ich heute lieber regelmäßig in mich selbst. Das kann ein Vortrag, ein Seminar, eine Konferenz oder auch einfach nur eine Auszeit in den Bergen sein. Ich will mein neu gewonnenes Leben mit Wissen füllen, und ich sauge alles, was mich interessiert, wie ein Schwamm auf. Ich höre inspirierenden Menschen, Vorbildern zu, um von ihnen zu lernen. Ich nehme mir wieder Zeit, zu lesen oder Hörbücher zu hören. Und so, wie dieses Buch entstanden ist, nehme ich mir immer wieder die Zeit und lasse mich an Orten inspirieren. Ich konnte schon immer gut mit mir selbst und ich brauche diese Auszeiten, um meiner Kreativität und meinen Gedanken Raum zu geben. Es gibt keine Ausreden mehr, warum ich irgendwas nicht schaffe oder nicht dazu komme. Wenn ich etwas machen möchte, dann mache ich es. Ich plane es ein und nehme mir dann die Zeit dafür.

Dieser Reset in meinem beruflichen Leben hatte auch Auswirkungen auf mein soziales Umfeld. Ich begann wieder, ein offenes Ohr für Freund*innen zu haben. Ich war durch diesen jahrelangen Kampf mit meinem Inneren so blockiert, dass ich wenig Gehör für andere Menschen fand. Es nervte mich, wenn auch nur einer um die Ecke kam, um über seinen Job zu mosern, wollte ich doch genau das ändern. Ich konnte Beschwerden, Meckereien und Jammern nicht ansatzweise ertragen und schob sie deshalb von mir weg. Mir ist aber klar geworden, dass nicht jeder diesen Veränderungsprozess durchläuft. Ich höre heute wieder gerne zu, versuche zu helfen, wenn ich es kann, es darf nur nicht dauerhaft meine Energie saugen, dann landen diese Menschen direkt neben den *Besserpisser*innen*. Die Verbindungen zu anderen Menschen haben dadurch eine neue Qualität erhalten. Die Gespräche sind tatsächlich intensiver geworden.

In all dieser Zeit musste ich nie ohne Sicherheitsvorkehrungen ins Unbekannte springen. Ich hatte einen Fallschirm, der mich immer getragen hat, egal wie groß der Sturm war. Mein Fallschirm ist nämlich bis heute mein Mann, Christian. Ohne ihn wäre dieser ganze Weg gar nicht möglich gewesen. Sein Rückhalt, sein Verständnis in den unbequemen Phasen, seine Geduld und Ausdauer mit mir haben mich jeden einzelnen Tag gestärkt. Die Sicherheit, die er mir gibt, macht es mir möglich, mich zu entfalten, *ich* zu sein. Und um bei diesem Bild zu bleiben, dann gibt es einen zweiten, einen Notfallschirm, und der ist für mich Lukas. Er hat bereits ganz am Anfang dafür gesorgt, dass ich mein komplettes System hinterfrage, dass ich mir Gedanken darüber mache, was wirklich wichtig in meinem Leben ist. Er hat mir gezeigt, wie wenig man zum Glücklichsein benötigt.

KAPITEL 15

Stark durchs Leben gehen

Ich liege mit Lukas in unserer Lounge und schaue in Gedanken verloren in den Garten. »Du, Lukas, weißt du, was ich mag?«, frage ich Lukas. »Nein, was denn?«, fragt er mich. »Unser Zuhause!«, erwidere ich. Lukas schaut sich um und nickt zustimmend. Einige Minuten später schaut er mich wieder an. »Papa, weißt du, was *ich* mag? Ich mag euch beide, Papa und Papi!«

Wenn wir auf unser Leben bis heute zurückschauen, dann sind wir unendlich dankbar. Egal, welche Hürden uns begleitet haben, egal, wie steinig unsere Wege waren, egal, wie viel Kritik wir einstecken mussten – wir würden alles nochmal genauso machen. Wir sind nicht mit dem Gedanken aufgewachsen, in der Zukunft anderen Menschen Mut zu machen. Wir empfanden uns selbst auch gar nicht als mutig. Wir hatten nur ein Ziel vor Augen und verfolgten dieses mit Nachdruck – die Suche nach unserem persönlichen Glück. Vielleicht haben wir etwas früher als manch anderer verstanden, dass es darum geht, wirklich glücklich im Leben zu sein. An irgendeinem Punkt wurde uns egal, was andere über uns sagen. Egal, ob als Kind, Jugendlicher oder später als

Erwachsener, wir passen in keinen Rahmen und lassen uns auch bestimmt nicht in einen vorgegebenen reinpressen.

Rückblickend hatten wir natürlich an vielen Stellen verdammt viel Mut. Wir sind immer einen weiteren Schritt gegangen. Gab es einen steileren, schnelleren Aufstieg, der zum Ziel führte? Nur her damit, den nehmen wir. Menschen, die uns nichts zugetraut haben, unsere lieben *Besserpisser*innen*, haben wir links liegen gelassen. Wir ganz allein wissen, was wir uns zutrauen können und brauchen niemanden, der über Machbarkeit oder Scheitern urteilt. All die gut gemeinten Ratschläge kommen oft von Menschen, die selbst nicht weitergekommen sind, deren Motor nicht für steile Aufstiege gemacht ist, sondern eher für asphaltierte, ebene Straßen. Wenn Menschen dich bremsen wollen, dann meist, weil sie selbst Angst vor dem Unbekannten haben, weil *sie* sich eben *nicht* trauen.

Wir umgeben uns heute mit Menschen, die uns guttun, die uns wirklich weiterbringen und die eine Bereicherung für unser Leben sind. Diese Menschen können *alles* von uns erwarten. So wie sie für uns Vorbilder sind, möchten wir für sie Vorbilder sein. Wir wollen uns gegenseitig inspirieren und befruchten. Diese Menschen sind frei von Neid, von Vorurteilen oder Missgunst. Sie akzeptieren uns so, wie wir sind. Ein Zustand, für den wir lange gekämpft haben und den wir nicht ohne Schmerzen und Tränen erreichen konnten. Wer akzeptiert schon gerne, dass er in großen Teilen auf die falschen Menschen in seinem Freundeskreis gesetzt hat. Wir kennen *Besserpisser*innen* in unserem Umkreis nicht mehr, und sollten sie sich doch einmal verirren und den Weg zu uns finden, bugsieren wir sie zum Ausgang.

Wir haben unseren Frieden mit all den unsäglichen Situationen der Vergangenheit geschlossen. Denn wir haben verstanden, dass wir jede einzelne gebraucht haben. Und so sind diese rückblickend gar nicht mehr so unsäglich, sondern sogar sehr wichtig und manchmal sogar entscheidend. Hätte in meiner Schulzeit niemand gesagt, dass aus mir nichts wird, wer weiß, wie viel Energie ich für *mein* Lebensglück aufgebracht hätte. Der Titel *Saftschubse* hat Christian wehgetan. Aber hätte er ansonsten wirklich so viel Enthusiasmus in seine berufliche Laufbahn – vom Hauptschüler zum Studium – gesteckt? Hätte ich heute ein solch großes, eigenes Unternehmen, wenn ich keinen massiven Leidensweg in meinen letzten Jahren als Fernsehproduzent gehabt hätte, in denen ich mich unter anderem belehren lassen musste, wie man korrekte Protokolle schreibt? Ich bezweifle es stark!

Am Ende liegt es aber an dir selbst, was du aus all diesen Erlebnissen, Situationen, externen Faktoren und Lebensmomenten machst. Und natürlich kannst du auf deinem Hintern sitzen bleiben, weiter meckernd durchs Leben laufen und andere neidvoll anschauen, die aus deiner Sicht ein besseres Leben haben. Das Leben der anderen anzuschauen und zu bewerten ist im ersten Moment ja auch verdammt einfach, es ist bequem und tut weniger weh. Wir lassen uns so unendlich oft ablenken. Wir sind Expert*innen darin, in die Strudel der *Besserpisser*innen* zu geraten und schaffen es nur mit viel Anstrengung, uns aus diesen wieder herauszukämpfen. Wir wollen gefallen, oft nicht auffallen und einfach nur mitschwimmen. Aber hast du nicht eine Verantwortung dir selbst gegenüber? Ist es nicht deine bestimmte Aufgabe, das schönste und tollste Leben zu leben, das du dir vorstellen kannst? Ist Genuss nicht viel wunderbarer, als griesgrämig die Welt zu betrachten? Das Leben ist so bunt, so vielfältig, so voll von wunderbaren Möglichkeiten, du musst einfach nur zugreifen.

Mit unserem Papa-Dasein haben wir eine zusätzliche Verantwortung erhalten. Wir haben unter anderem die große Verantwortung, dass sich unser Sohn frei und selbstbestimmt entwickeln kann. Denn er hat die Chance, die Dinge zu tun, die ihn wirklich glücklich machen. Vielleicht begegnen ihm weniger *Besserpisser*innen*, vielleicht genauso viele. Wir werden ihm aber das Fundament liefern, das er braucht, um gestärkt in diese Achterbahn namens Leben einzusteigen und die *Besserpisser*innen* aus seinem Leben zu kicken. Wir geben ihm die Hand, wenn er sie haben möchte, und wir lassen ihn los, wenn er sie gerade nicht braucht. Auf jeden Fall möchten wir Vorbilder für ihn sein und gehen unseren Weg auch weiterhin mutig nach vorne.

Wir können *alles* erreichen – wenn wir nur wollen! Dieser Satz ist für uns keine Plattitüde, keine abgedroschene Redewendung! Dieser Satz ist unser tief verankerter Glaubenssatz, der uns durch das Leben trägt. Und wir haben dafür so viele wunderbare Beispiele im Kreise unserer Liebsten: vom Hotdog-Verkäufer und Friseur zu Selfmade-Millionären, vom Manager zum Surflehrer in Portugal, vom Magier zum Investor in die Zukunft von Kindern. Es geht ihnen aber nicht darum, möglichst viel Geld zu verdienen, den höchsten Tritt auf der Karriereleiter oder das größte Team. Es geht um Selbstverwirklichung und darum, das eigene Glück zu finden. Und das definiert ja bekanntlich jeder selbst. All diese Menschen standen ebenfalls vor der Frage, ob das, was sie bisher in ihrem Leben getan haben, sie wirklich glücklich macht. Sie haben diese Frage klar mit Nein beantwortet, allen Mut zusammengenommen und sind aus ihrem System ausgebrochen. Sie haben gegen Widerstände gekämpft, sie sind hingefallen und wieder aufgestanden, sie haben geliebte Menschen auf ihrem Weg verloren, aber sie haben für sich etwas ganz Entscheidendes gewonnen – ihre Erfüllung.

Und ja, sie mussten ganz viel Mut beweisen. Denn nichts kommt bekanntlich von nichts. Und deshalb geht jede Entscheidung, etwas grundlegend in deinem Leben zu ändern, mit Schmerzen einher. Es kostet Kraft, Zeit, viel Willen und noch mehr Mut, einen neuen Weg zu gehen. Wichtig ist, dass du dein Ziel klar definierst.

Früher lebte ich vor allem im Hier und Jetzt. Ich bekam Pickel von der Personalerfrage: »Wo sehen sie sich in fünf Jahren?« Wer wusste schon, wo ich in fünf Jahren bin und ob ich überhaupt noch *bin*. Als ich mich selbstständig machte, kam aber urplötzlich eine Vision auf. Von einem auf den anderen Tag sah ich vor mir, wohin meine Reise gehen sollte, und vor allem, wie groß all das noch werden würde. Ich entwickelte eine Selbstverständlichkeit, meinen großen Traum zu formulieren. Ich wurde stolz und selbstsicher bei dem, was ich tat. Dabei wurde ich nicht nur einmal sehr schräg angesehen. »Damit verdienst du Geld?«, »Wofür brauchst *du* ein eigenes Büro?«, »Ist die Festanstellung nicht sicherer?« waren nur einige Fragen und Einwürfe.

Und weißt du was? Es war mir egal! Es war mir egal, was andere sagten oder was sie infrage stellten. Es war mir egal, ob Neid und dadurch Ablehnung aufkam. Es war mir egal, ob mein Gegenüber mit meinem Unternehmen und meiner Vision etwas anfangen konnte. Denn *ich* konnte eine ganze Menge damit anfangen. Und mehr Zustimmung brauchte ich nicht.

Die Kiesauffahrt, Veranda mit Schaukelstuhl und Villa dahinter bauen sich nicht von selbst. Das Tolle am Leben aber ist, dass *jeder* die Chance hat, wenn das sein Traum sein sollte, diese Kiesauffahrt auch zu bauen. Es geht immer nur darum, seine Ziele zu kennen und diese auch zu verfolgen. Und es darf definitiv geträumt werden! Aus einem Traum wird eine Vision, aus einer Vision wird Wirklichkeit.

Wir leben heute unseren Traum und sind sehr glücklich – als Familie und jeder für sich! Wir sind demütig vor dem, was wir erreicht haben. Vieles kam aus eigenem Antrieb, weil wir gekämpft haben und mutig waren. Viele Schritte hätten wir aber ohne die richtigen Menschen in unserem Leben nicht erreicht.

Und irgendwann werden wir, vielleicht in unseren Schaukelstühlen, auf der Veranda sitzen, uns zunicken und zufrieden zurückschauen. Denn wenn wir die zweite Lebenshälfte genauso mutig bestreiten wie die erste, dann können wir zu Recht stolz auf uns sein.

Wir würden uns wünschen, dass auch du deinen Treiber suchst, dass du dich hinterfragst und reflektierst. Entdecke deine Träume und finde einen Weg, sie umzusetzen. Wenn du ein klar definiertes Ziel hast, wirst du die richtigen Weichen stellen. Es geht nicht immer um das große Ganze. Was dein Ziel und deine Träume sind, definierst nur du selbst. Lass dir von nichts und niemandem reinreden oder dich aus der Bahn werfen. Es wird genügend Menschen geben, die versuchen, dir Steine in den Weg zu legen. Spring über sie hinweg oder fahr an ihnen vorbei.

Tritt aus deinem Schatten heraus und stell dich in deinen ganz eigenen Spot. Denn nur so kannst du nicht nur mutig sein, sondern am Ende auch Mutmacher für deine oder andere Kinder werden. Sie benötigten ansonsten nichts, denn alles andere kommt dann von allein.

Wir leben heute unseren Traum und sind sehr glücklich – als Familie und jeder für sich!

DANKSAGUNG

Ich möchte zuallererst meinem Mann danken. Er unterstützt mich bedingungslos bei all meinen Visionen, mit denen ich um die Ecke komme. Er ist der liebevollste, lustigste und offenste Mensch, den ich mir an meiner Seite vorstellen kann. Er (er)trägt mich in guten und in schlechten Zeiten, und hätte ich ihn nicht schon geheiratet, ich würde es immer und immer wieder tun!

Ich danke meiner Mutter, dass sie mich, trotz aller damaligen Umstände, immer von der Leine gelassen hat. Sie hat bereits als Kind meine Stärken gestärkt und nicht nach den Schwächen gefragt. Sie hat mir Werte und Glaubenssätze mitgegeben, dir mir jeden einzelnen Tag helfen, mein eigenes *Ich* nach vorne zu bringen. Und ich danke Jürgen, dem heutigen Mann meiner Mutter. Er steht am längsten als männlicher Ansprechpartner an meiner Seite. Eigentlich hätte er es, im Nachhinein betrachtet, verdient, die Papa-Figur in meinem Leben zu sein. Doch dafür trat er leider ein paar Jahre zu spät in mein Leben. Und so ist er für mich ein inniger Freund und irgendwie doch ein Stückchen *Papa* geworden.

Wir danken unserem Sohn, der es möglich gemacht hat, dass wir das Leben noch einmal ganz anders erleben dürfen. Der uns jeden

Tag zeigt, wie frei und unbedarft man an Dinge rangehen kann. So dürfen wir jeden einzelnen Tag von ihm lernen. Danke, Lukas, dass es dich in unserem Leben gibt! Wir lieben dich aus tiefstem Herzen.

Christian dankt seinen Eltern, die die Grundlagen gelegt haben, dass er heute ein so weltoffener und neugieriger Mensch ist. Bei allen Anfangsschwierigkeiten hat auch sein Bruder immer zu ihm gehalten und war ihm vor allem in der Zeit des Outings eine große Stütze. Die Verbindung wird immer speziell sein, und doch spürt Christian eine tiefe Verbundenheit.

Christian dankt ebenso seinem Lieblingsmenschen Steffi. Sie begleitet ihn gefühlt schon sein ganzes Leben, und sie ist *seine* Unterstützung in allen Lebenslagen. Sie ist wie ein stabiles Fundament, auf das er jederzeit bauen kann. Sie bleibt immer standhaft, und wenn es sein muss, kämpft sie mit ihm gegen den Rest der Welt. Sie begleitet uns auch auf dem Weg unserer Vision, und wir sind unendlich dankbar, dass wir einen solchen Menschen in unserem Leben und an unserer Seite haben.

Und dann trifft man manchmal im Leben Menschen, die einen ganz plötzlich sehr bewegen. Menschen, die dich bewusst oder unbewusst zum Nachdenken anregen, die dein System auf den Kopf stellen. Und so möchte ich an dieser Stelle einem Menschen danken, der bereits beim ersten Aufeinandertreffen vieles verändert hat – Tobias Beck. Er hat dafür gesorgt, dass ich in meinem Gehirn die letzten notwendigen Weichen gestellt habe, um *meine* Vision klar zu definieren. Um zu erkennen, was wirklich meine Aufgabe werden soll, was mein Ziel ist. Er hat mir den letzten benötigten Tritt in den Hintern gegeben und ist so an meinem heutigen Glück beteiligt.

Und zuletzt danken wir dem Zufall, der Bestimmung, dem Leben! Wir sind dankbar, unser Leben so erleben zu dürfen, als Einzelner und als Familie. Alle positiven und auch negativen Einflüsse sind ein Geschenk und machen uns zu den Menschen, die wir heute sind. Wir sind dankbar für unsere Dickköpfe, für unseren Mut und unsere Ausdauer!

Danke Leben!

Kevin und René Silvergieter Hoogstad

Papa, Papi, Kind

Warum Familie auch anders geht

Auch als E-Book erhältlich

mvgverlag

256 Seiten
14,99 € (D) | 15,50 € (A)
ISBN 978-3-7474-0156-9

René und
Kevin Silvergieter Hoogstad

Papa, Papi, Kind

Warum Familie auch anders
geht

Als Kevin und René ein Paar werden, ist es die große Liebe. Sie träumen von einer eigenen Familie und ihr Kinderwunsch lässt sie nie los, doch wie sollte dieser Wunsch je wahr werden? Als sie von der Möglichkeit erfahren, Pflegekinder in Langzeitpflege aufzunehmen, setzen sie alle Hebel in Bewegung. Viele Komplikationen später bekommen sie ihr größtes Geschenk: einen dreieinhalbjährigen Sohn. Drei Jahre darauf folgt eine kleine Tochter.

In diesem Buch erzählt das sympathische Paar berührend und humorvoll von ihren schwierigsten Momenten, dem turbulenten Alltag, vor allem aber vom großen Glück ihrer Regenbogenfamilie.